コロロメソッドで学ぶ
ことばを育てるワークシート

書いて身につけるコミュニケーション&ソーシャルスキル

コロロ発達療育センター　編著

学校にかさを忘れてきました。どうしますか。

合同出版

はじめに

　このワークシートは、高機能自閉症やアスペルガー症候群、ADHDなどの発達障害のある人が、コミュニケーション能力や社会適応力を身につけていくために必要な「ことばの概念」を理解するための学習教材です。

　2010年にコロロ発達療育センターが刊行した『高機能自閉症児・アスペルガー症候群のためのことばの学習──コミュニケーション・社会適応力の向上を目指して』に、新しい問題やQ＆A、解答例などを加えて再構成しました。

　概念学習の最終目標は、「内言語（ないげんご）」の獲得です。内言語とは、自己内対話を意味しています。内言語の働きにより、自身のなかでもう一人の自分と対峙し、話し合い、闘い、折り合いをつけて、その場その場でいかに行動すべきかを判断することができます。また、自身の欲求・感情・考えに基づき、それをいかに相手に伝えるかを判断して実行に移す、といった複雑な思考プログラムを機能させて、他者とコミュニケーションをとることができるのも内言語の力です。

　コロロの療育メソッドでは、内言語の獲得に向けて、膨大な量の学習課題を積み重ねていきます。このワークブックは、その課題の一部を項目別にまとめてあります。情緒、問題解決、常識、マナー、衝動性のコントロールなど、高機能自閉症やアスペルガー症候群の人たちが苦手とする項目を、なるべく実際の場面に即したわかりやすいかたちで出題しています。

　課題の難易度には幅がありますが、文章の読み書き、形容詞や副詞の理解、5W1Hの問いに応えることなどができていれば、小学校低学年〜大人の方まで活用していただけます。

　学び終えた内容は、問いかけのパターンを変えたり、ほかのパターンの問題と組み合わせたり、実際の場面で問いかけたり、表現させたりすることを重ねて、掘り下げていくことができます。そうした学習を、毎日コツコツと、10年以上かけてじっくり取り組むことで、ことばの概念化が進み、内言語の獲得へとつながっていくのです。

　学校、家庭、療育の場などさまざまな場面で活用され、発達障害がある人が豊かな人生を送ることの一助になれば幸いです。

2017年2月

コロロ発達療育センター　執筆者代表　羽生裕子

ワークシートの使い方

　このワークシートは、高機能自閉症・アスペルガー症候群・発達障害のある子どもが苦手とする、コミュニケーション能力や社会適応力を身につけていくためにつくられています。子ども一人で取り組ませるのではなく、大人が子どもの発達段階に応じて、解答を導くためのヒントやアドバイスを与えながら、一つひとつ理解を深めるように指導を行なってください。

●指導のポイント

1　わかるところからはじめ、スモールステップで理解を広げる

・課題は、本人がわかりやすいと思われるところから、順に取り組みましょう。

・つまずいたところは、ただ答えを教えるのではなく、少し前のできる段階に戻って理解させていくようにしましょう。

・このワークシートの質問には答えられるようになっても、少し問われ方がちがうと答えられなくなることがよくあります。類似した問題を作成して、問われる内容や問われ方が変わっても、答えられるようにしましょう。この積み重ねがとても重要です。

・筆記で正解できるようになるだけではなく、実際の場面で、口頭で答えられるようにしましょう。実際の行動と言語を結びつけることが、概念化につながります。

・指導者はその時、その場の子どもの感覚や感情を正確に読み取り、その状況にふさわしいことばで表現できるように働きかけてください。

・子どもが、その時の状況や内容をイメージできているかどうかを確かめながら指導してください。イメージできないような課題は先送りして、半年～1年後、もう少し理解が進んだ頃に再度取り組んでみてください。

2　解答は一つではない

・巻末に解答例を一部示しましたが、解答内容は子どもの発達段階によって異なります。指導者が、その子どもの発達段階に合わせた解答を導いてください。なるべく具体的な、イメージしやすいことばで、教えていくとよいでしょう。基本的な答えがわかるようになったら、

より長く、くわしく答えられるよう指導しましょう。たとえば、ぼくの気持ちは「くやしい」と答えることができている子どもには、「くやしいからもっと練習するぞ」など、より長いことば、複数の要素で説明ができるように促すと、理解が深まります。

> 3 子どもの年齢や理解度に合わせて、課題をアレンジする

・出題文にとらわれず、子どもの状況に合わせて文やことばをつくり直してください。
・このワークシートでは、小学校3年生以上で習う漢字にふりがなをふっています。その他読めない漢字にはあらかじめふりがなをふってご使用ください。
・課題の難易度には幅がありますが、文章の読み書き、形容詞や副詞の理解、5W1Hの問いに応えることなどができていれば、小学校低学年～大人の方まで活用していただけます。

●各課題の取り組み方と留意点

> 1 気持ち・情緒を理解する

　他者の気持ちを理解するには、自分の感情の言語化ができなければなりません。くやしい、はずかしい、うらやましいなど他者との関係のなかで芽生える感情は、とくに理解がむずかしいものです。ことばを知ってはいても、正しく理解できていないことが多いので、さまざまな角度からことばの理解度をチェックしましょう。

> 2 よい・わるいを判断する

　日常生活のなかでよく起こる問題場面を言語化し、学習します。善悪の理由を書かせることで、本人にとって何が判断基準となっているかを確認しておきましょう。自分自身の快・不快によって行動の善悪を判断している場合には、感情と行動の区別（例：ほしいけれどお金がないから我慢する）や、相手の気持ちの理解（例：迷惑だからやめておく）を促していくことが必要です。

3　問題解決をする

　想定される場面を言語化し、どのように行動したらよいかを考えさせる課題です。実際の場面ではできていても文字で表現するのはむずかしい場合がありますし、逆に書くことはできても、口頭や実際の場面ではできない場合もあります。実際の場面で困った状況をつくって実行させてみるなど工夫しましょう。

4　マナー・常識・規則を身につける

　社会生活にはさまざまなルールがあります。「お葬式で笑ってはいけない」「電車のなかで大声を出してはいけない」などのように、それぞれの文化圏で暗黙の了解となっている常識・マナー・規則があり、社会の秩序が保たれています。このような暗黙のルールもまた、一つひとつ言語化して教えていく必要があります。してはいけないことだけではなく、なぜいけないのか、どうしたらよいのかを明確にすることが大切です。

　また他者の感情の理解がむずかしいと、自分の姿や行動が人からどのように見られているのか気づきにくいものです。相手に対して失礼にならない態度がとれるように、基本的なマナーを教えます。場面に合った具体的な行動を文で表現させ、実際に行動できるように練習しましょう。

5　物事を説明する

　物や人、行動について言語化する課題です。わかっていても文章で表現できない、説明できないということがよくありますから、段階を踏んで文章で書けるようにしましょう。

　まず、何もヒントを出さずに書かせてみて、文章力をチェックしましょう。次に、「どこにある？」「何に使う？」など、書くべき要素に関する質問に答えさせます。そして、その要素を組み入れた文章を書かせます。口頭でも説明できるようにしましょう。具体的な目に見えるものからはじめ、自分自身の好ききらいやこだわりも理由づけさせていきます。自分自身を知るうえでも大切な課題です。

ワークシートの使い方

6　上手に会話をする

　自分の興味のあることなら長々と話すことができても、状況に応じたことばのやりとりをするのはむずかしいものです。言えても単語だけだったり、相手の話に対して返答できなかったりすることも多いでしょう。日常的な場面を想定して、「こんなときにどう言ったらよいか？」を考えさせていきます。最初は短文でよいのですが、徐々に長い文でくわしく伝えられるようにします。さらにやりとりを1回、2回と長く続けられるように発展させましょう。最初から「～です」「～ます」調の丁寧なことばで教えると、大人になってから役立ちます。

7　ことばの意味を推理する

　発達障害児が遭遇するトラブルの原因の一つに、物事を表面的に字面通りにとらえてしまうという、認知面での特徴があげられます。たとえば、冗談でからかわれたのを本気にして深く落ち込む、相手に対して悪気はないのに傷つけるようなことを平気で言う、ルールに厳格になりすぎて融通が利かない、などです。また、「おせじ」や「うそも方便」などの抽象的な概念は、とてもわかりにくいものです。

　ここでは、比喩表現を学ぶことで、物事には字面だけではない、裏に込められた意味があることに気づかせます。また、問題になりやすい場面を想定して、人はうそをつくこともあることや、口には出さない気持ちがあることを認識させます。むずかしい内容ですので、理解できそうなレベルを選んで教えましょう。

8　総合問題

　1～7で学んだ項目に加え、行動上の問題につながりやすい部分について考えさせる課題です。似たようなことが、日常生活のなかでもいろいろと起こっていると思います。その場でとるべき行動を明確にすることが大切です。そしてイメージが新鮮なうちに課題とし、読み・書きで学び、口頭でおさらいしましょう。読んで書いたことは、音声で伝えたことより記憶に残り、蓄積されます。

＊このワークシートで取り上げているものより前段階の課題は、『自閉症児のことばの学習──話せるようになってからの概念学習』(コロロ発達療育センター刊) を参照してください。

もくじ

はじめに …………………………………………………………… 3
ワークシートの使い方 …………………………………………… 4

1 気持ち・情緒を理解する
感覚をあらわすことばの学習 ………………………………… 10
感情をあらわすことばの学習 ………………………………… 12
相手と自分の気持ちのちがいの学習（相手の気持ちを読みとる） … 17
感情と行動の区別 ……………………………………………… 24

2 よい・わるいを判断する
正否・善悪をあらわすことばの学習 ………………………… 26
善悪を判断する学習 …………………………………………… 28
理由を説明する学習 …………………………………………… 37

3 問題解決をする
こんなときどうするか？の学習 ……………………………… 39

4 マナー・常識・規則を身につける
マナーの学習 …………………………………………………… 45
みだしなみの学習 ……………………………………………… 51
規則を守る学習 ………………………………………………… 53
・時間
・外出
・盗む
・暴力・暴言
・言いわけ・へりくつ
・社会的弱者
・物損

5 物事を説明する
- 物についての学習 …………………………………… 64
- 人物についての学習 ………………………………… 66
- 遊びについての学習 ………………………………… 69
- スポーツのルールについての学習 ………………… 70
- 場所についての学習 ………………………………… 72

6 上手に会話をする
- 電話の応対の学習 …………………………………… 74
- あいさつの学習 ……………………………………… 75
- 許可・確認・報告の学習 …………………………… 76
- なんと言えばいいか？の学習 ……………………… 77
- やりとりの学習 ……………………………………… 78

7 ことばの意味を推理する
- たとえのことばの学習 ……………………………… 81
- 慣用句の学習 ………………………………………… 84
- ことわざの学習 ……………………………………… 87
- 四字熟語の学習 ……………………………………… 89
- ウソとホントの区別 ………………………………… 90
- ことばの推理 ………………………………………… 91

8 総合問題 …………………………………………… 94

コラム 高機能自閉症・アスペルガー症候群のための
よいコミュニケーションを学習するために気をつけたい7カ条 … 120

解説・解答例 …………………………………………… 124
子どもへの対応Q＆A ………………………………… 139
参考になる本 …………………………………………… 142

気持ち・情緒を理解する

● 感覚をあらわすことばの学習

(1) 下の ▭ の 基本のことば からえらんで書きましょう。

①ポットのお湯は（　　　　　）②おふろのお湯は（　　　　　）

③氷は　　　　（　　　　　）④プールの水は（　　　　　）

⑤うめぼしは　（　　　　　）⑥さとうは　　（　　　　　）

⑦しょうゆは　（　　　　　）⑧コーヒーは　（　　　　　）

⑨レモンは　　（　　　　　）⑩わさびは　　（　　　　　）

> **基本のことば**
> 熱い　冷たい　温かい　痛い　かゆい　くさい
> 味（あまい　からい　すっぱい　にがい
> 　　しょっぱい　しおからい）

(2) （　　　　　　　　）に3つずつ書き入れましょう。

①熱い食べもの

（　　　　　）（　　　　　）（　　　　　）

②冷たい食べもの

（　　　　　）（　　　　　）（　　　　　）

③痛いもの

（　　　　　）（　　　　　）（　　　　　）

④くさいもの

（　　　　　）（　　　　　）（　　　　　）

(3) 下の _____ の 基本のことば からえらんで書きましょう。

①花火は　　　（　　　　）②どろんこは　　　　（　　　　）

③マラソンは　　（　　　　）④歩くのは　　　　　（　　　　）

⑤夏は　　　　（　　　　）⑥冬は　　　　　　　（　　　　）

⑦ラーメンは　（　　　　）⑧きらいな食べものは（　　　　）

⑨工事の音は　（　　　　）⑩図書館は　　　　　（　　　　）

⑪りんごの味は（　　　　）⑫虫歯が　　　　　　（　　　　）

⑬虫さされが　（　　　　）⑭音がうるさいと　　（　　　　）

⑮遊園地は　　（　　　　）

> **基本のことば**
> おいしい　まずい　きれい　きたない　静か
> うるさい　苦しい　楽　暑い　寒い　楽しい
> ほっとする　だらしない　きちんとする　元気
> あまずっぱい　いたがゆい　ズキズキいたい　はきそう
> すっきりする　むしゃくしゃする　ワクワクする　イライラする

(4) どんなときですか。（　　）に書き入れましょう。

①むしゃくしゃするのは、どんなときですか。

（　　　　　　　　　　　　　　　　　　　　　　　　）

②ほっとするのは、どんなときですか。

（　　　　　　　　　　　　　　　　　　　　　　　　）

③「だらしない」とは、どんなようすですか。

（　　　　　　　　　　　　　　　　　　　　　　　　）

感覚をあらわすことば

● 感情をあらわすことばの学習

(1) 下の▭の 基本のことば からえらんで書きましょう。

① ゲームは　　（　　　　　　）　② 電車は　　　（　　　　　　）
③ １００点は　（　　　　　　）　④ 遊べないと　（　　　　　　）
⑤ 怒られると　（　　　　　　）　⑥ ほめられると（　　　　　　）
⑦ 算数は　　　（　　　　　　）　⑧ お絵かきは　（　　　　　　）
⑨ 負けると　　（　　　　　　）　⑩ 勝つと　　　（　　　　　　）

基本のことば

好き　きらい　やさしい　いじわる　楽しい
うれしい　悲しい　むずかしい　さびしい　えらい
すごい　強そう　弱そう　腹が立つ　くやしい　残念
はずかしい　かわいそう　おもしろい　つまらない　こわい

(2) （　　　）に書き入れましょう。

① 強そうな人は、だれですか。　　　（　　　　　　　　　　　　）
② 弱そうな人は、だれですか。　　　（　　　　　　　　　　　　）
③ えらい人は、だれですか。　　　　（　　　　　　　　　　　　）
④ 好きな友だちは、だれですか。　　（　　　　　　　　　　　　）
⑤ きらいな友だちは、だれですか。　（　　　　　　　　　　　　）
⑥ ほしいものは、なんですか。　　　（　　　　　　　　　　　　）
⑦ 楽しいことは、なんですか。　　　（　　　　　　　　　　　　）
⑧ 残念なことは、なんですか。　　　（　　　　　　　　　　　　）
⑨ 悲しいことは、なんですか。　　　（　　　　　　　　　　　　）
⑩ 腹が立つことは、なんですか。　　（　　　　　　　　　　　　）

(3) 下の □ の 基本のことば を参考にして、自分の気持ちを書きましょう。

① 友だちが、けがをして痛そうです。　（　　　　　　　）

② 友だちが、おもちゃを貸してくれました。（　　　　　　　）

③ お母さんのお手伝いをしました。　（　　　　　　　）

④ お母さんが、おむかえに来てくれません。（　　　　　　　）

⑤ テストが０点でした。　（　　　　　　　）

⑥ 友だちが、学校を休みました。　（　　　　　　　）

⑦ 水道の水が出しっぱなしです。　（　　　　　　　）

⑧ 幼稚園のときの友だちと久しぶりに会いました。どんな気持ちですか。
（　　　　　　　　　　　　　　　　　）

⑨ 新学期で、先生も友だちもかわります。どんな気持ちですか。
（　　　　　　　　　　　　　　　　　）

⑩ あしたは、苦手な社会のテストがあります。どんな気持ちですか。
（　　　　　　　　　　　　　　　　　）

基本のことば

はずかしい　　かわいそう　　心細い　　つらい
いじわる　　親切　　感謝　　めんどうくさい　　さびしい
そそっかしい　　ばかばかしい　　なつかしい　　心配
不安　　安心　　もったいない　　なさけない　　みっともない
うれしい　　ほこらしい　　ドキドキする　　なつかしい

感情をあらわすことば

(4) 自分の気持ちを書きましょう。

①お父さんにほめられました。どんな気持ちですか。
（　　　　　　　　　　　　　　　　　　　　　　　）

②おもちゃがこわれました。どんな気持ちですか。
（　　　　　　　　　　　　　　　　　　　　　　　）

③お母さんが帰ってきません。どんな気持ちですか。
（　　　　　　　　　　　　　　　　　　　　　　　）

④赤ちゃんが泣いています。どんな気持ちですか。
（　　　　　　　　　　　　　　　　　　　　　　　）

⑤じゃんけんで負けてしまいました。どんな気持ちですか。
（　　　　　　　　　　　　　　　　　　　　　　　）

⑥友だちがゲームで勝ちました。どんな気持ちですか。
（　　　　　　　　　　　　　　　　　　　　　　　）

⑦犬が死んでしまいました。どんな気持ちですか。
（　　　　　　　　　　　　　　　　　　　　　　　）

⑧友だちが遊んでくれました。どんな気持ちですか。
（　　　　　　　　　　　　　　　　　　　　　　　）

⑨お父さんと1時間マラソンをしました。どんな気持ちですか。
（　　　　　　　　　　　　　　　　　　　　　　　）

⑩ズボンに穴があいていました。どんな気持ちですか。
（　　　　　　　　　　　　　　　　　　　　　　　）

⑪「ゲームはもうおしまいです」と言われました。どんな気持ちですか。
（　　　　　　　　　　　　　　　　　　　　　　　）

(5) 自分の気持ちを書きましょう。

①お母さんが、おかしをたくさん買ってきてくれました。
　どんな気持ちですか。
（　　　　　　　　　　　　　　　　　　　　　　　　）

②山のぼりをして、汗びっしょりになりました。どんな気持ちですか。
（　　　　　　　　　　　　　　　　　　　　　　　　）

③ケーキを食べようとしたら、落としてしまいました。
　どんな気持ちですか。
（　　　　　　　　　　　　　　　　　　　　　　　　）

④徒競走でころんで、みんなに笑われました。どんな気持ちですか。
（　　　　　　　　　　　　　　　　　　　　　　　　）

⑤学校のテストで１００点をとってほめられました。
　どんな気持ちですか。
（　　　　　　　　　　　　　　　　　　　　　　　　）

⑥お手伝いをしたので、お母さんに「ありがとう」と言われました。
　どんな気持ちですか。
（　　　　　　　　　　　　　　　　　　　　　　　　）

⑦ひとりでるすばんをしていたら、暗くなってきました。
　どんな気持ちですか。
（　　　　　　　　　　　　　　　　　　　　　　　　）

⑧友だちの前でおならをしてしまいました。どんな気持ちですか。
（　　　　　　　　　　　　　　　　　　　　　　　　）

⑨ジェットコースターに乗りました。どんな気持ちですか。
（　　　　　　　　　　　　　　　　　　　　　　　　）

感情をあらわすことば

1　気持ち・情緒を理解する

（6）自分の気持ちを3つずつ書きましょう。

①あなたがうれしい気持ちになるのは、どんなときですか。
　（　　　　　　　　　　　　　　　　　　　　　　　　　）
　（　　　　　　　　　　　　　　　　　　　　　　　　　）
　（　　　　　　　　　　　　　　　　　　　　　　　　　）

②あなたががんばる気持ちになるのは、どんなときですか。
　（　　　　　　　　　　　　　　　　　　　　　　　　　）
　（　　　　　　　　　　　　　　　　　　　　　　　　　）
　（　　　　　　　　　　　　　　　　　　　　　　　　　）

③あなたが困る気持ちになるのは、どんなときですか。
　（　　　　　　　　　　　　　　　　　　　　　　　　　）
　（　　　　　　　　　　　　　　　　　　　　　　　　　）
　（　　　　　　　　　　　　　　　　　　　　　　　　　）

④あなたが悲しい気持ちになるのは、どんなときですか。
　（　　　　　　　　　　　　　　　　　　　　　　　　　）
　（　　　　　　　　　　　　　　　　　　　　　　　　　）
　（　　　　　　　　　　　　　　　　　　　　　　　　　）

⑤あなたがつらい気持ちになるのは、どんなときですか。
　（　　　　　　　　　　　　　　　　　　　　　　　　　）
　（　　　　　　　　　　　　　　　　　　　　　　　　　）
　（　　　　　　　　　　　　　　　　　　　　　　　　　）

●相手と自分の気持ちのちがいの学習 （相手の気持ちを読みとる）

（1）下の絵の人はどんな気持ちでしょう。◯◯◯◯の 基本のことば を参考にして書きましょう。

①  （　　　　　）　②  （　　　　　）

③  （　　　　　）　④ 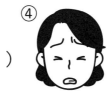 （　　　　　）

⑤  （　　　　　）　⑥ 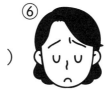 （　　　　　）

⑦  （　　　　　）　⑧ 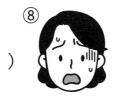 （　　　　　）

基本のことば

悲しい　つらい　苦しい　うれしい　楽しい
眠い　痛い　寒い　笑い顔　泣き顔　怒り顔
がんばっている感じ　困った　怒っている
泣いている　くやしい　はずかしい　残念　いやだな
仕方ないな　まあいいよ　どうしよう　苦笑い

(2) 下の絵の友だちは何をしていて、どんな気持ちかを書きましょう。

(3) どんな気持ちですか。(　　　　　　)に書き入れましょう。

①お母さんが熱を出して寝ています。
　　お母さんの気持ち　　　(　　　　　　　　　　　　)
　　ぼく（わたし）の気持ち　(　　　　　　　　　　　　)

②まさし君とゆうた君がゲームをして、ゆうた君が勝ちました。
　　ゆうた君の気持ち　　　(　　　　　　　　　　　　)
　　まさし君の気持ち　　　(　　　　　　　　　　　　)

③テストで×がたくさんありました。
　　ぼく（わたし）の気持ち　(　　　　　　　　　　　　)
　　お母さんの気持ち　　　(　　　　　　　　　　　　)

④マラソン大会で1等になりました。
　　ぼく（わたし）の気持ち　(　　　　　　　　　　　　)
　　お母さんの気持ち　　　(　　　　　　　　　　　　)

⑤友だちのけんた君とけんかをしました。
　けんた君は泣いてしまいました。
　　ぼく（わたし）の気持ち　(　　　　　　　　　　　　)
　　けんた君の気持ち　　　(　　　　　　　　　　　　)

相手と自分の気持ちのちがい

1　気持ち・情緒を理解する

(4) どんな気持ちですか。(　　　　　　)に書き入れましょう。

①お母さんが魚の煮付けをつくってくれました。とおる君は魚があまり好きではありません。とおる君は魚を残してしまいました。

　　とおる君の気持ち　　（　　　　　　　　　　　　　　　　　　　）
　　お母さんの気持ち　　（　　　　　　　　　　　　　　　　　　　）

②お母さんが魚の煮付けをつくってくれました。とおる君は魚があまり好きではありません。とおる君は魚を全部食べました。

　　とおる君の気持ち　　（　　　　　　　　　　　　　　　　　　　）
　　お母さんの気持ち　　（　　　　　　　　　　　　　　　　　　　）

③きょうは、ゆみ子さんの誕生日です。さち子さんは、ゆみ子さんが好きなくまのぬいぐるみをプレゼントしました。

　　ゆみ子さんの気持ち　（　　　　　　　　　　　　　　　　　　　）
　　さち子さんの気持ち　（　　　　　　　　　　　　　　　　　　　）

④きょうは、ゆみ子さんの誕生日です。さち子さんは忘れていました。ゆみ子さんに会ったけれど、何も言いませんでした。

　　ゆみ子さんの気持ち　（　　　　　　　　　　　　　　　　　　　）
　　忘れていたことに気がついて、さち子さんはどんな気持ちになったでしょうか。　　　　（　　　　　　　　　　　　　　　　　　　）

(5) どんな気持ちですか。(　　　　　　)に書き入れましょう。

①ぼくの友だちのとおる君がころんで、ひざをすりむいて泣いています。

　　とおる君の気持ち　（　　　　　　　　　　　　　　　　）

　　ぼくの気持ち　　　（　　　　　　　　　　　　　　　　）

　　ぼくは、とおる君になんと言ったらいいですか。
　（　　　　　　　　　　　　　　　　　　　　　　　　　）

②ぼくは算数のテストで１００点をとりました。となりの山田君は９８点でした。山田君は、「今度は勝つぞ」と言いました。

　　テストで勝ったのは、だれですか。（　　　　　　　　　）

　　山田君はどんな気持ちでしょう。　（　　　　　　　　　）

③まいごの子どもが泣いています。

　　子どもの気持ちは　（　　　　　　　　　　　　　　　　）

　　ぼくの気持ちは　　（　　　　　　　　　　　　　　　　）

④先生が重い荷物を持っていたので、川田君は「ぼくが持ちます」と言って、持ってあげました。

　　先生の気持ちは　　（　　　　　　　　　　　　　　　　）

　　川田君の気持ちは　（　　　　　　　　　　　　　　　　）

相手と自分の気持ちのちがい

1　気持ち・情緒を理解する

(6) どんな気持ちですか。(　　　　　)に書き入れましょう。

①かけっこで、友だちに負けてしまいました。

　　ぼく（わたし）の気持ちは（　　　　　　　　　　　　　　　）

　　友だちの気持ちは　　　（　　　　　　　　　　　　　　　）

②0点をとって、先生に怒られました。

　　ぼく（わたし）の気持ちは（　　　　　　　　　　　　　　　）

　　先生の気持ちは　　　　（　　　　　　　　　　　　　　　）

③ぼくは、国語の教科書を持ってくるのを忘れてしまいました。となりの席のさち子さんが見せてくれました。

　　教科書を忘れたことに気づいたときの、ぼくの気持ちは

（　　　　　　　　　　　　　　　　　　　　　　　　　　　）

　　教科書を忘れたことに気づいたときの、さち子さんの気持ちは

（　　　　　　　　　　　　　　　　　　　　　　　　　　　）

　　さち子さんが教科書を見せてくれたときの、ぼくの気持ちは

（　　　　　　　　　　　　　　　　　　　　　　　　　　　）

　　さち子さんが教科書を忘れたときは、ぼくはどうしたらよいでしょう。

（　　　　　　　　　　　　　　　　　　　　　　　　　　　）

(7) どんな気持ちですか、3つずつ書きましょう。

①お母さんが、あなたをほめてあげたくなるのは、どんなときですか。
（　　　　　　　　　　　　　　　　　　　　　　　　　）
（　　　　　　　　　　　　　　　　　　　　　　　　　）
（　　　　　　　　　　　　　　　　　　　　　　　　　）

②お母さんが悲しいのは、あなたがどんなことをしたときですか。
（　　　　　　　　　　　　　　　　　　　　　　　　　）
（　　　　　　　　　　　　　　　　　　　　　　　　　）
（　　　　　　　　　　　　　　　　　　　　　　　　　）

③お母さんにとって、楽しいのはどんなことですか。
（　　　　　　　　　　　　　　　　　　　　　　　　　）
（　　　　　　　　　　　　　　　　　　　　　　　　　）
（　　　　　　　　　　　　　　　　　　　　　　　　　）

④お父さんは、あなたがどんなことをしたら、うれしいですか。
（　　　　　　　　　　　　　　　　　　　　　　　　　）
（　　　　　　　　　　　　　　　　　　　　　　　　　）
（　　　　　　　　　　　　　　　　　　　　　　　　　）

⑤お父さんは、どんなことをするのが好きですか。
（　　　　　　　　　　　　　　　　　　　　　　　　　）
（　　　　　　　　　　　　　　　　　　　　　　　　　）
（　　　　　　　　　　　　　　　　　　　　　　　　　）

相手と自分の気持ちのちがい

●感情と行動の区別

(1) ○か×をつけましょう。

①プレゼントをもらいました。なんて言いますか。

　　はい（　　　）　ありがとう（　　　）　ごめんなさい（　　　）

②友だちが「ばか」と言いました。

　　怒って、たたいた。（　　　）　いやだけど、たたかない。（　　　）

　　友だちに「ばか」と言った。（　　　）

③電車を見たいとき、どうしますか。

　　ホームを走って、見にいった。（　　　）

　　白線の内側で、止まって見た。（　　　）

　　線路で、止まって見た。（　　　）

(2) 気持ちや態度を書きましょう。

①マラソンの練習は苦しい。

　　でも、（　　　　　　　　　　　　　　　　　　　　　　　　）

②かぜをひいたので、遊園地に行けません。

　　ぼく（わたし）の気持ち（　　　　　　　　　　　　　　　　）

　　でも、（　　　　　　　　　　　　　　　　　　　　　　　　）

③電車の本がほしいけれど、お金が足りないので買えません。

　　ぼく（わたし）の気持ち（　　　　　　　　　　　　　　　　）

　　でも、（　　　　　　　　　　　　　　　　　　　　　　　　）

④６時からテレビを見たいのに、間に合いません。

　　ぼく（わたし）の気持ち（　　　　　　　　　　　　　　　　）

　　どうしますか（　　　　　　　　　　　　　　　　　　　　　）

(3)（　　　　　　）にそれぞれの気持ちを書きましょう。

①電車で座りたい。でも、立っています。それはどうしてですか。
（　　　　　　　　　　　　　　　　　　　　　　　　　）

②ディズニーランドに行きたいけれど、お父さんはとても疲れています。
　　ぼく（わたし）の気持ち　　（　　　　　　　　　　　　　）
　　お父さんの気持ち　　　　　（　　　　　　　　　　　　　）
　　ぼく（わたし）はどうしますか（　　　　　　　　　　　　　）

③もっとゲームをしたいのに、お母さんが「早く宿題をしなさい」と言いました。
　　ぼく（わたし）の気持ち　　（　　　　　　　　　　　　　）
　　お母さんの気持ち　　　　　（　　　　　　　　　　　　　）
　　ぼく（わたし）はどうしますか（　　　　　　　　　　　　　）

④もっと話をしたいのに、だれも聞いてくれません。
　　ぼく（わたし）の気持ち　　（　　　　　　　　　　　　　）
　　まわりの人の気持ち　　　　（　　　　　　　　　　　　　）
　　ぼく（わたし）はどうしますか（　　　　　　　　　　　　　）

⑤起きる時間になったけれど、まだ眠いです。
　　ぼく（わたし）の気持ち　　（　　　　　　　　　　　　　）
　　お母さんの気持ち　　　　　（　　　　　　　　　　　　　）
　　ぼく（わたし）はどうしますか（　　　　　　　　　　　　　）

感情と行動の区別

1　気持ち・情緒を理解する

2 よい・わるいを判断（はんだん）する

●正否（せいひ）・善悪（ぜんあく）をあらわすことばの学習（がくしゅう）

（1）下の □ からことばをえらんで書きましょう。

① 4 + 3 = 7　　　　　　　　　（　　　　　　　　　　）

② 4 − 3 = 7　　　　　　　　　（　　　　　　　　　　）

③ りんごは四角です。　　　　（　　　　　　　　　　）

④ お母（かあ）さんは男です。　　　　（　　　　　　　　　　）

⑤ 友だちをたたくことは　　　（　　　　　　　　　　）

⑥ お母（かあ）さんのお手伝（てつだ）いをするのは　（　　　　　　　　　　）

⑦ 朝、「おはよう」と言うのは　（　　　　　　　　　　）

⑧ 夜、「おはよう」と言うのは　（　　　　　　　　　　）

⑨ 「ばか」と言うのは　　　　　（　　　　　　　　　　）

⑩ どろぼうは　　　　　　　　（　　　　　　　　　　）

⑪ 勉強（べんきょう）するのは　　　　　（　　　　　　　　　　）

⑫ ちこくをするのは　　　　　（　　　　　　　　　　）

⑬ 忘（わす）れ物（もの）をするのは　　　（　　　　　　　　　　）

⑭ 道路（どうろ）の右側（みぎがわ）を歩くのは　（　　　　　　　　　　）

⑮ 道路（どうろ）の左側（ひだりがわ）を歩くのは　（　　　　　　　　　　）

⑯ 赤ちゃんことばを使（つか）うのは　（　　　　　　　　　　）

○　　×　　よい　　わるい　　だめ　　いけない　　正しい
ちがう　　まちがい　　ふつう　　おかしい　　へんだ

(2)「　　　　　　」のなかのことばを使って文をつくりましょう。

① 「へんだ」を使って文をつくりましょう。
（　　　　　　　　　　　　　　　　　　　　　　　　　　　）
（　　　　　　　　　　　　　　　　　　　　　　　　　　　）

② 「まちがいだ」を使って文をつくりましょう。
（　　　　　　　　　　　　　　　　　　　　　　　　　　　）
（　　　　　　　　　　　　　　　　　　　　　　　　　　　）

③ 「正しい」を使って文をつくりましょう。
（　　　　　　　　　　　　　　　　　　　　　　　　　　　）
（　　　　　　　　　　　　　　　　　　　　　　　　　　　）

④ 「もっともだ」を使って文をつくりましょう。
（　　　　　　　　　　　　　　　　　　　　　　　　　　　）
（　　　　　　　　　　　　　　　　　　　　　　　　　　　）

⑤ 「うたがわしい」を使って文をつくりましょう。
（　　　　　　　　　　　　　　　　　　　　　　　　　　　）
（　　　　　　　　　　　　　　　　　　　　　　　　　　　）

⑥ 「おかしなことだ」を使って文をつくりましょう。
（　　　　　　　　　　　　　　　　　　　　　　　　　　　）
（　　　　　　　　　　　　　　　　　　　　　　　　　　　）

⑦ 「犯罪だ」を使って文をつくりましょう。
（　　　　　　　　　　　　　　　　　　　　　　　　　　　）
（　　　　　　　　　　　　　　　　　　　　　　　　　　　）

正否・善悪をあらわすことば

●善悪を判断する学習

（1）よいことには○、わるいことには×を（　　　）に書きましょう。

①えんぴつをかじる　　　　（　）②ごはんをよくかんで食べる（　）

③ひとりごとを言う　　　　（　）④大声でさわぐ　　　　　　（　）

⑤口をとじている　　　　　（　）⑥足をそろえて座る　　　　（　）

⑦道路を走る　　　　　　　（　）⑧マラソンで走る　　　　　（　）

⑨前の人を押す　　　　　　（　）⑩女子トイレをのぞく　　　（　）

⑪電車で女の人の前に立つ　（　）⑫電車で男の人の前に立つ　（　）

⑬手に土がついている　　　（　）⑭シャツがズボンに入っている（　）

⑮自動販売機の下にお金が落ちていました。

　そのお金をひろって、ジュースを買いました。　　　　　（　）

　そのお金をひろって、お店の人にとどけました。　　　　（　）

⑯電車に乗ったら、こんでいて座れません。

　「どいてください」と言う。　　　　　　　　　　　　　（　）

　シルバーシートをさがして座る。　　　　　　　　　　　（　）

　つりかわにつかまって立っている。　　　　　　　　　　（　）

⑰友だちの家に遊びにいったら、出かけていて留守でした。

　ドアチャイムを何回も鳴らしてみる。　　　　　　　　　（　）

　大きな声で名前を呼んでさがす。　　　　　　　　　　　（　）

　暗くなるまで待つ。　　　　　　　　　　　　　　　　　（　）

　少し待っても来なかったら、あきらめて家に帰る。　　　（　）

(2) 文を読んで答えましょう。

①太郎君は、毎日３時半に学校から帰ります。学校から家までは歩いて３０分です。家に着くのは何時ですか。　（　　　　　　　）

②よい行動はどれですか。（　　　）に○をつけましょう。

　A（　　　）学校から帰るとき、バスを３０分見ていました。

　B（　　　）うちへ帰ったのは５時でした。

　C（　　　）バスを１台だけ見ました。

　D（　　　）うちへ帰ったのは４時でした。

(3) よい行動、わるい行動を書きましょう。

①ほしいおもちゃが売っていました。

　よい行動　　（　　　　　　　　　　　　　　　　　　）
　わるい行動　（　　　　　　　　　　　　　　　　　　）

②きょうは、たくさん宿題があります。

　よい行動　　（　　　　　　　　　　　　　　　　　　）
　わるい行動　（　　　　　　　　　　　　　　　　　　）

③きょうのおかずは、キャベツやピーマンの入った野菜いためです。ぼくは、ピーマンが好きではありません。

　よい行動　　（　　　　　　　　　　　　　　　　　　）
　わるい行動　（　　　　　　　　　　　　　　　　　　）

④公園に行って、ブランコで遊ぼうとしたら、２人の子がならんで待っていました。

　よい行動　　（　　　　　　　　　　　　　　　　　　）
　わるい行動　（　　　　　　　　　　　　　　　　　　）

善悪の判断

(4) 質問に答えましょう。

①友だちのかさを勝手に使ってもいいですか。（　　　　　　　　　　）

　なぜですか。（　　　　　　　　　　　　　　　　　　　　　　　）

②言ってはいけないことばを５つ書きなさい。

（　　　　　　　　　　）（　　　　　　　　　　　　　　　　　）

（　　　　　　　　　　）（　　　　　　　　　　　　　　　　　）

（　　　　　　　　　　）

③人から言われて、うれしいことばを５つ書きなさい。

（　　　　　　　　　　）（　　　　　　　　　　　　　　　　　）

（　　　　　　　　　　）（　　　　　　　　　　　　　　　　　）

（　　　　　　　　　　）

④お母さんのお手伝いをすることは、よいことですか、わるいことですか。　　　　　（　　　　　　　　　　　　　　　　　　　　　　　）

　どうしてですか。（　　　　　　　　　　　　　　　　　　　　）

⑤学校に持っていってはいけないものに、○をつけましょう。

> おかし　　えんぴつ　　犬　　ドラえもんのマンガ　　ノート
> おもちゃ　　ぬいぐるみ　　国語の教科書　　ふでばこ　　ゲーム
> 消しゴム　　ミミズ　　シュークリーム　　体育着　　サンダル

　どうして持っていってはいけないのですか。

（　　　　　　　　　　　　　　　　　　　　　　　　　　　　　）

（　　　　　　　　　　　　　　　　　　　　　　　　　　　　　）

（　　　　　　　　　　　　　　　　　　　　　　　　　　　　　）

(5) よいことに○、わるいことに×をつけましょう。

① (　　　) 手をあげて、横断歩道をわたる。
② (　　　) 赤信号で横断歩道をわたる。
③ (　　　) お年寄りに席をゆずる。
④ (　　　) 花に水をやる。
⑤ (　　　) 弟のおもちゃをむりやりとる。
⑥ (　　　) 落ちていたお金を自分のものにする。
⑦ (　　　) だれもいない部屋の電気がついていたので消す。
⑧ (　　　) にんじんはきらいだから食べない。
⑨ (　　　) 学校の帰りに、コンビニによっておかしを買う。
⑩ (　　　) お母さんのお手伝いをする。

(6) 文を読んで答えましょう。

①バスに乗ったら、席がひとつしかあいていません。あとから、おばあさんも乗ってきました。あなたはどうしますか。
(　　　　　　　　　　　　　　　　　　　　　　　　　　　)

②バスに乗ったら、おじさんが「ここあいてますよ」と、席を指さしました。あなたは、なんと言ってから座りますか。
(　　　　　　　　　　　　　　　　　　　　　　　　　　　)

③バスからおりるとき、運転手さんになんと言ったらいいでしょう。
(　　　　　　　　　　　　　　　　　　　　　　　　　　　)

④そのとき運転手さんは、どんな気持ちになるでしょう。
(　　　　　　　　　　　　　　　　　　　　　　　　　　　)

善悪の判断

2 よい・わるいを判断する

(7) 絵を見て質問に答えましょう。

①何をしている絵ですか。

男の子は

(　　　　　　　　　　　　　　　)

女の子は

(　　　　　　　　　　　　　　　)

②わるいのは、だれですか。

(　　　　　　　　　　　　　　　)

③どうしてですか。

(　　　　　　　　　　　　　　　)

④このあと、なかよしになるには、どうしたらよいでしょうか。

(　　　　　　　　　　　　　　　)

⑤友だちに対して、やってはいけないことを5つ書きましょう。

(　　　　　　　　　　　　　　　)

(　　　　　　　　　　　　　　　)

(　　　　　　　　　　　　　　　)

(　　　　　　　　　　　　　　　)

(　　　　　　　　　　　　　　　)

⑥まちがって友だちの消しゴムを使ったら、なんと言いますか。

(　　　　　　　　　　　　　　　)

(8) 絵を見て質問に答えましょう。

①何をしている絵ですか。
（　　　　　　　　　　　　　　　）

②よいことですか。
　わるいことですか。
（　　　　　　　　　　　　　　　）

③どうしてですか。
（　　　　　　　　　　　　　　　）

④トイレットペーパーはどれくらい使ったらよいですか。
（　　　　　　　　　　　　　　　　　　　　　　　　）

⑤トイレットペーパーをたくさんトイレに流すと、どうなりますか。
（　　　　　　　　　　　　　　　　　　　　　　　　）

⑥トイレがつまってしまうのは、どんなときですか。
（　　　　　　　　　　　　　　　　　　　　　　　　）

⑦「もったいない」のは、どんなことをしたときですか。
（　　　　　　　　　　　　　　　　　　　　　　　　）
（　　　　　　　　　　　　　　　　　　　　　　　　）
（　　　　　　　　　　　　　　　　　　　　　　　　）

善悪の判断

(9) 絵を見て質問に答えましょう。

①何をしている絵ですか。
（　　　　　　　　　　　　　　）

②よいことですか。わるいことですか。
（　　　　　　　　　　　　　　）

③どうしてですか。
（　　　　　　　　　　　　　　）

④壁に落書きをすると、どうなりますか。
（　　　　　　　　　　　　　　）

⑤絵を描きたいときは、どうしたらよいですか。
（　　　　　　　　　　　　　　）

(10) 絵を見て質問に答えましょう。

①何をしている絵ですか。
（　　　　　　　　　　　　　　）

②よいことですか。わるいことですか。
（　　　　　　　　　　　　　　）

③どうしてですか。
（　　　　　　　　　　　　　　）

④線路のなかに入ってもいいですか。（　　　　　　　　　　　　　　）

⑤このようなことをしたら、どうなりますか。
（　　　　　　　　　　　　　　）

(11) 文を読んで質問に答えましょう。

①家のなかで、ボールを投げて遊びます。
　よいことですか、わるいことですか。
（　　　　　　　　　　　　　　　　　　　　　　　　）

②どうしてですか。理由を2つ書きましょう。
（　　　　　　　　　　　　　　　　　　　　　　　　）
（　　　　　　　　　　　　　　　　　　　　　　　　）

③家のなかでやってもいい遊びを3つ書きましょう。
（　　　　　　　）（　　　　　　　）（　　　　　　　）

④「いじめる」とは、どんなことですか。
　思いつくことを5つ書きなさい。
（　　　　　　　　　　　　　　　　　　　　　　　　）
（　　　　　　　　　　　　　　　　　　　　　　　　）
（　　　　　　　　　　　　　　　　　　　　　　　　）
（　　　　　　　　　　　　　　　　　　　　　　　　）
（　　　　　　　　　　　　　　　　　　　　　　　　）

⑤あなたは、友だちをいじめたことがありますか。
（　　　　　　　　　　　　　　　　　　　　　　　　）

⑥いじめるのはよいことですか、わるいことですか。
（　　　　　　　　　　　　　　　　　　　　　　　　）

⑦友だちがいじめられていたら、あなたはどうすればいいでしょう。
（　　　　　　　　　　　　　　　　　　　　　　　　）

善悪の判断

2　よい・わるいを判断する

（12）文を読んで質問に答えましょう。

①横断歩道は、信号が何色のときにわたりますか。（　　　　　　　　）

②どうしてですか。（　　　　　　　　　　　　　　　　　　　　　）

③道路をわたるときには、どんなことに注意したらよいでしょう。2つ書きなさい。

（　　　　　　　　　　　　　　　　　　　　　　　　　　　　　　）

（　　　　　　　　　　　　　　　　　　　　　　　　　　　　　　）

（13）やってもよいことには○、やってはいけないことには×を（　）に書きましょう。

① （　　　） 急に道路にとびだす。

② （　　　） 道路でボール遊びをする。

③ （　　　） 小さな子どもの手をつないで道路をわたる。

④ （　　　） 横断歩道をわたる。

⑤ （　　　） 横断歩道がないところをわたる。

⑥ （　　　） 歩道を走る。

⑦ （　　　） かばんをふりまわして歩く。

⑧ （　　　） 静かに歩く。

⑨ （　　　） 歌を歌いながら歩く。

⑩ （　　　） 歩道を歩く。

⑪ （　　　） 歩道に座る。

●理由を説明する学習

(1) 質問に答えましょう。

①つめをかんでもいいですか。（　　　　　　　　　　　）

　それはどうしてですか。（　　　　　　　　　　　　　）

②電車のなかで、おばあさんに席をゆずってもいいですか。
　　　　　　　　　　　（　　　　　　　　　　　　　　）

　それはどうしてですか。（　　　　　　　　　　　　　）

③シルバーシートに座ってもいいですか。（　　　　　　）

　それはどうしてですか。（　　　　　　　　　　　　　）

④空き缶を道にすててもいいですか。　（　　　　　　　）

　それはどうしてですか。（　　　　　　　　　　　　　）

⑤お店のものを、お金を払わずに持って帰ってもいいですか。
　　　　　　　　　　　（　　　　　　　　　　　　　　）

　それはどうしてですか。（　　　　　　　　　　　　　）

⑥授業中におしゃべりをしてもいいですか。（　　　　　）

　それはどうしてですか。（　　　　　　　　　　　　　）

⑦電車のなかでうろうろしてもいいですか。（　　　　　）

　それはどうしてですか。（　　　　　　　　　　　　　）

⑧本屋さんで、マンガを立ち読みしてもいいですか。
　　　　　　　　　　　（　　　　　　　　　　　　　　）

　それはどうしてですか。（　　　　　　　　　　　　　）

善悪の判断・理由説明

2　よい・わるいを判断する

(2) 質問に答えましょう。

①お勉強をすることは、よいことですか。（　　　　　　　）

　　それはどうしてですか。（　　　　　　　　　　　　　）

②信号を見ないでわたることは、よいことですか。

　　　　　　　　　　　　　　　（　　　　　　　　　　　）

　　それはどうしてですか。（　　　　　　　　　　　　　）

③友だちをたたくことは、よいことですか。（　　　　　　）

　　それはどうしてですか。（　　　　　　　　　　　　　）

④お母さんのお手伝いをするのは、よいことですか。

　　　　　　　　　　　　　　　（　　　　　　　　　　　）

　　それはどうしてですか。（　　　　　　　　　　　　　）

⑤えんぴつをかむのは、よいことですか。（　　　　　　　）

　　それはどうしてですか。（　　　　　　　　　　　　　）

⑥びんぼうゆすりをするのは、よいことですか。

　　　　　　　　　　　　　　　（　　　　　　　　　　　）

　　それはどうしてですか。（　　　　　　　　　　　　　）

⑦お母さんに「ババア」と言うのは、よいことですか。

　　　　　　　　　　　　　　　（　　　　　　　　　　　）

　　それはどうしてですか。（　　　　　　　　　　　　　）

⑧なんでも一番にやりたいのは、よいことですか。

　　　　　　　　　　　　　　　（　　　　　　　　　　　）

　　それはどうしてですか。（　　　　　　　　　　　　　）

3 問題解決をする

●こんなときどうするか？の学習

(1) こんなときどうしますか。答えましょう。

①家にいたら、ドアのチャイムが鳴りました。

　お母さんがいたらどうしますか。正しい番号に○をしましょう。

　〔1．お母さんが出ます　2．ぼく（わたし）が出ます　3．出ません〕

　お母さんがいないとき、どうしますか。正しい番号に○をしましょう。

　〔1．ドアをあけます　2．ドアはあけません〕

②学校にかさを忘れました。どうしますか。

（　　　　　　　　　　　　　　　　　　　　　　　　　）

③家に宿題を忘れてきました。どうしますか。

（　　　　　　　　　　　　　　　　　　　　　　　　　）

④友だちが「５００円貸して」と言いました。どうしますか。

　〔1．貸します　2．お母さんや先生に聞いてから考えます〕

⑤太郎君は部屋にいたら、暑くなってきました。クーラーをつけようと思ったのですが、こわれていてつきません。どうしますか。

（　　　　　　　　　　　　　　　　　　　　　　　　　）

⑥学校で、同級生が太郎君をたたきます。「やめて」と言ってもやめません。どうしたらよいでしょう。

（　　　　　　　　　　　　　　　　　　　　　　　　　）

(2) こんなときどうしますか。3つずつ書きましょう。

①かぜをひかないようにするには、どうしますか。

（　　　　　　　　　　　　　　　　　　　　　　　　　）
（　　　　　　　　　　　　　　　　　　　　　　　　　）
（　　　　　　　　　　　　　　　　　　　　　　　　　）

②かぜをひいてしまったら、どうしますか。

（　　　　　　　　　　　　　　　　　　　　　　　　　）
（　　　　　　　　　　　　　　　　　　　　　　　　　）
（　　　　　　　　　　　　　　　　　　　　　　　　　）

③高いところにあるものをとりたいとき、どうしますか。

（　　　　　　　　　　　　　　　　　　　　　　　　　）
（　　　　　　　　　　　　　　　　　　　　　　　　　）
（　　　　　　　　　　　　　　　　　　　　　　　　　）

④部屋(へや)のなかが寒(さむ)いとき、どうしますか。

（　　　　　　　　　　　　　　　　　　　　　　　　　）
（　　　　　　　　　　　　　　　　　　　　　　　　　）
（　　　　　　　　　　　　　　　　　　　　　　　　　）

⑤ねぼうして約束(やくそく)の時間に間に合いそうにないとき、どうしますか。

（　　　　　　　　　　　　　　　　　　　　　　　　　）
（　　　　　　　　　　　　　　　　　　　　　　　　　）
（　　　　　　　　　　　　　　　　　　　　　　　　　）

(3) こんなときどうしますか。3つずつ書きましょう。

①お母さんから「担任の先生にわたしてね」と、手紙をわたされました。でも、担任の先生はお休みでした。どうしますか。

（　　　　　　　　　　　　　　　　　　　　　　　　　　）
（　　　　　　　　　　　　　　　　　　　　　　　　　　）
（　　　　　　　　　　　　　　　　　　　　　　　　　　）

②雨が降ってきました。家の外には洗濯物がほしてあります。どうしますか。

（　　　　　　　　　　　　　　　　　　　　　　　　　　）
（　　　　　　　　　　　　　　　　　　　　　　　　　　）
（　　　　　　　　　　　　　　　　　　　　　　　　　　）

③電車に乗ろうと思ったら、定期券が見つかりません。どうしますか。

（　　　　　　　　　　　　　　　　　　　　　　　　　　）
（　　　　　　　　　　　　　　　　　　　　　　　　　　）
（　　　　　　　　　　　　　　　　　　　　　　　　　　）

④食べすぎて体重が3キロ増えてしまいました。どうしますか。

（　　　　　　　　　　　　　　　　　　　　　　　　　　）
（　　　　　　　　　　　　　　　　　　　　　　　　　　）
（　　　　　　　　　　　　　　　　　　　　　　　　　　）

⑤人にぶつからないように歩くためには、どうしたらよいですか。

（　　　　　　　　　　　　　　　　　　　　　　　　　　）
（　　　　　　　　　　　　　　　　　　　　　　　　　　）
（　　　　　　　　　　　　　　　　　　　　　　　　　　）

（4）こんなときどうしますか。3つずつ書きましょう。

①友だちから借りた本に、お茶をこぼしてしまいました。どうしますか。
（　　　　　　　　　　　　　　　　　　　　　　　　　　　）
（　　　　　　　　　　　　　　　　　　　　　　　　　　　）
（　　　　　　　　　　　　　　　　　　　　　　　　　　　）

②友だちが、お茶を飲もうとしてこぼしてしまいました。どうしますか。
（　　　　　　　　　　　　　　　　　　　　　　　　　　　）
（　　　　　　　　　　　　　　　　　　　　　　　　　　　）
（　　　　　　　　　　　　　　　　　　　　　　　　　　　）

③宿題で、わからない問題があります。どうしますか。
（　　　　　　　　　　　　　　　　　　　　　　　　　　　）
（　　　　　　　　　　　　　　　　　　　　　　　　　　　）
（　　　　　　　　　　　　　　　　　　　　　　　　　　　）

④テストで、わからない問題があります。どうしますか。
（　　　　　　　　　　　　　　　　　　　　　　　　　　　）
（　　　　　　　　　　　　　　　　　　　　　　　　　　　）
（　　　　　　　　　　　　　　　　　　　　　　　　　　　）

⑤となりの席の友だちの答えを見てもいいですか。
（　　　　　　　　　　　　　　　　　　　　　　　　　　　）

⑥テスト中に友だちの答えを見ることをなんと言いますか。
（　　　　　　　　　　　　　　　　　　　　　　　　　　　）

(5) こんなときどうしますか。3つずつ書きましょう。

①赤ちゃんがベッドで寝ています。ベッドの横を通りたいのですが、どのように歩きますか。

　（　　　　　　　　　　　　　　　　　　　　　　　　　　　）
　（　　　　　　　　　　　　　　　　　　　　　　　　　　　）
　（　　　　　　　　　　　　　　　　　　　　　　　　　　　）

②ガラスが割れて、そうじをしなければなりません。手を傷つけないようにするには、どうしたらよいですか。

　（　　　　　　　　　　　　　　　　　　　　　　　　　　　）
　（　　　　　　　　　　　　　　　　　　　　　　　　　　　）
　（　　　　　　　　　　　　　　　　　　　　　　　　　　　）

③寒くて、手やくちびるが荒れています。どうしますか。

　（　　　　　　　　　　　　　　　　　　　　　　　　　　　）
　（　　　　　　　　　　　　　　　　　　　　　　　　　　　）
　（　　　　　　　　　　　　　　　　　　　　　　　　　　　）

④雨の日に、友だちの家に行きました。家に入るとき、ズボンのすそがぬれてしまいました。どうしますか。

　（　　　　　　　　　　　　　　　　　　　　　　　　　　　）
　（　　　　　　　　　　　　　　　　　　　　　　　　　　　）
　（　　　　　　　　　　　　　　　　　　　　　　　　　　　）

こんなときどうするか？

(6) こんなときどうしますか。3つずつ書きましょう。

①お母さんにおつかいを頼まれました。レジでお金を払おうとしたら、200円足りませんでした。どうしますか。

（　　　　　　　　　　　　　　　　　　　　　　　　　）
（　　　　　　　　　　　　　　　　　　　　　　　　　）
（　　　　　　　　　　　　　　　　　　　　　　　　　）

②問題を解いている途中で、友だちに話しかけられました。どうしますか。

（　　　　　　　　　　　　　　　　　　　　　　　　　）
（　　　　　　　　　　　　　　　　　　　　　　　　　）
（　　　　　　　　　　　　　　　　　　　　　　　　　）

③山田先生に、加藤先生への伝言を頼まれました。でも、伝言の内容を忘れてしまいました。どうしますか。

（　　　　　　　　　　　　　　　　　　　　　　　　　）
（　　　　　　　　　　　　　　　　　　　　　　　　　）
（　　　　　　　　　　　　　　　　　　　　　　　　　）

④図工の時間に使う絵の具セットを忘れてしまいました。どうしますか。

（　　　　　　　　　　　　　　　　　　　　　　　　　）
（　　　　　　　　　　　　　　　　　　　　　　　　　）
（　　　　　　　　　　　　　　　　　　　　　　　　　）

⑤テレビは8時までと約束したのに、8時からおもしろそうな番組があります。どうしますか。

（　　　　　　　　　　　　　　　　　　　　　　　　　）
（　　　　　　　　　　　　　　　　　　　　　　　　　）
（　　　　　　　　　　　　　　　　　　　　　　　　　）

4 マナー・常識・規則を身につける

●マナーの学習

(1) 気をつけることを（　　）に書きましょう。

①トイレを使うときに、気をつけることを書きましょう。

（　　　　　　　　　　　　　　　　　　　）
（　　　　　　　　　　　　　　　　　　　）

②トイレから出るときに、気をつけることを書きましょう。

（　　　　　　　　　　　　　　　　　　　）
（　　　　　　　　　　　　　　　　　　　）

③かさを使うときに、気をつけることを書きましょう。

　　かさをささずに持って歩くとき
（　　　　　　　　　　　　　　　　　　　）

　　かさをひらくとき
（　　　　　　　　　　　　　　　　　　　）

　　かさをさして歩くとき
（　　　　　　　　　　　　　　　　　　　）

　　かさをとじるとき
（　　　　　　　　　　　　　　　　　　　）

　　かさを持って電車に乗るとき
（　　　　　　　　　　　　　　　　　　　）

　　かさをかさ立てに入れるとき
（　　　　　　　　　　　　　　　　　　　）

(2) 気をつけることを（　　　）に書きましょう。

①かぜをひいています。くしゃみをするとき、どんなことに気をつけますか。

（　　　　　　　　　　　　　　　　　　　　　　　　　　　　）

②ごはんを食べるとき、気をつけることを５つ書きましょう。

（　　　　　　　　　　　　　　　　　　　　　　　　　　　　）
（　　　　　　　　　　　　　　　　　　　　　　　　　　　　）
（　　　　　　　　　　　　　　　　　　　　　　　　　　　　）
（　　　　　　　　　　　　　　　　　　　　　　　　　　　　）
（　　　　　　　　　　　　　　　　　　　　　　　　　　　　）

③食事中に話しかけられました。どんなことに気をつけて答えますか。

（　　　　　　　　　　　　　　　　　　　　　　　　　　　　）
（　　　　　　　　　　　　　　　　　　　　　　　　　　　　）
（　　　　　　　　　　　　　　　　　　　　　　　　　　　　）

④電車のなかで、気をつけることを５つ書きましょう。

（　　　　　　　　　　　　　　　　　　　　　　　　　　　　）
（　　　　　　　　　　　　　　　　　　　　　　　　　　　　）
（　　　　　　　　　　　　　　　　　　　　　　　　　　　　）
（　　　　　　　　　　　　　　　　　　　　　　　　　　　　）
（　　　　　　　　　　　　　　　　　　　　　　　　　　　　）

(3) 気をつけることを（　　）に書きましょう。

①信号をわたるとき、どんなことに注意しますか。

（　　　　　　　　　　　　　　　　　　　　　　　）

（　　　　　　　　　　　　　　　　　　　　　　　）

（　　　　　　　　　　　　　　　　　　　　　　　）

②包丁を使うとき、どんなことに注意しますか。

（　　　　　　　　　　　　　　　　　　　　　　　）

（　　　　　　　　　　　　　　　　　　　　　　　）

（　　　　　　　　　　　　　　　　　　　　　　　）

③バス停でバスを待つとき、どんなことに気をつけますか。

（　　　　　　　　　　　　　　　　　　　　　　　）

（　　　　　　　　　　　　　　　　　　　　　　　）

（　　　　　　　　　　　　　　　　　　　　　　　）

④図書館に行きました。どんなことに気をつけますか。

（　　　　　　　　　　　　　　　　　　　　　　　）

（　　　　　　　　　　　　　　　　　　　　　　　）

（　　　　　　　　　　　　　　　　　　　　　　　）

⑤プールに行きました。気をつけることを書きましょう。

　　更衣室で着がえるとき　（　　　　　　　　　　　）

　　プールサイドを歩くとき（　　　　　　　　　　　）

　　プールで泳ぐとき　　　（　　　　　　　　　　　）

　　休憩時間にプールから出たとき

　　　　　　　　　　　　　（　　　　　　　　　　　）

4　マナー・常識・規則を身につける

(4) 電車のなかでしてよいことに○、わるいことに×を（　　）に書きましょう。

①ひとりごとを言う　　（　　）②くつをぬぐ　　　　（　　）
③口をとじている　　　（　　）④大きな声で話す　　（　　）
⑤足をそろえている　　（　　）⑥からだをゆらす　　（　　）
⑦走る　　　　　　　　（　　）⑧つりかわを持つ　　（　　）
⑨床に座る　　　　　　（　　）⑩人の顔を見る　　　（　　）
⑪びんぼうゆすりをする（　　）⑫よい姿勢で座る　　（　　）

(5) 教室のなかで、してはいけないことはなんですか。

（　　　　　　　　　　　　　　　　　　　　　　　　　　）
（　　　　　　　　　　　　　　　　　　　　　　　　　　）
（　　　　　　　　　　　　　　　　　　　　　　　　　　）
（　　　　　　　　　　　　　　　　　　　　　　　　　　）
（　　　　　　　　　　　　　　　　　　　　　　　　　　）

(6) プールのなかで、してはいけないことはなんですか。

（　　　　　　　　　　　　　　　　　　　　　　　　　　）
（　　　　　　　　　　　　　　　　　　　　　　　　　　）
（　　　　　　　　　　　　　　　　　　　　　　　　　　）
（　　　　　　　　　　　　　　　　　　　　　　　　　　）
（　　　　　　　　　　　　　　　　　　　　　　　　　　）

(7) 文を読んで答えましょう。

①お葬式（そうしき）のとき、してはいけないことはどれですか。下の ▭▭▭ からえらんで○をつけましょう。

> 笑（わら）う　泣（な）く　ニヤニヤする　おしゃべりをする　口をとじる
> 静（しず）かにする　ひとりごとを言う　しょんぼりする

②人に話しかけるときは、どんなことに気をつけますか。

（　　　　　　　　　　　　　　　　　　　　　　）
（　　　　　　　　　　　　　　　　　　　　　　）

③話をするときは、どこを見ますか。

（　　　　　　　　　　　　　　　　　　　　　　）

④人が話しているときには、どうしたらいいですか。

（　　　　　　　　　　　　　　　　　　　　　　）
（　　　　　　　　　　　　　　　　　　　　　　）

⑤「あいづちをうつ」とは、どういうことですか。

（　　　　　　　　　　　　　　　　　　　　　　）

⑥人の前を通ってもいいですか。（　　　　　　　）

　それはどうしてですか。　　（　　　　　　　　）

　人の前を通らないといけないときは、どうしますか。

（　　　　　　　　　　　　　　　　　　　　　　）

⑦人と話すときは、どれくらい近くに行けばよいですか。
　やってみましょう。

4　マナー・常識・規則を身につける

(8) 文を読んで答えましょう。

・あなたは、担任の山田先生に言いたいことがあります。山田先生は、とても忙しそうにしています。どんな用事なら伝えてもよいでしょうか。伝えてもよいものに○、伝えないほうがよいものには×を（　　）につけましょう。

① （　　） 伊藤先生が、「山田先生のお母さんが倒れたから、今すぐ山田先生を呼んできて」と言っている。

② （　　） 山田先生の好きな食べ物はなんだろう。

③ （　　） きょうは、まだ山田先生にあいさつをしていないので、「こんにちは」と言いたい。

④ （　　） 今、同じクラスのゆうじ君が、おなかが痛くて苦しそうにしている。

⑤ （　　） きょうの夜８時からのテレビ番組について話したい。

⑥ （　　） きょうは、いい天気で気持ちがいいですね。

(9) 話しかけてもよいときか、わるいときか考えましょう。

①たかし君とかおりさんが話をしています。あなたはいつ、たかし君に話しかけますか。（　　　　　　　　　　　　　　）

②ゆり子さんとけんじ君が話をしています。ゆり子さんに急ぎの用があるとき、あなたはどうしますか。（　　　　　　　　　　　　）

③山本さんは電話をしています。あなたは、いつ山本さんに話しかけますか。（　　　　　　　　　　　　　　）

④お母さんはトイレに入っています。あなたは、いつお母さんに話しかけますか。（　　　　　　　　　　　　　　）

●みだしなみの学習

（1）どうしていけないのですか。下の _____ の 基本のことば を参考にして、理由を書きましょう。

①好きな服を5日続けて着ています。
（　　　　　　　　　　　　　　　　　　　　　　　　　　　）

②鼻をほじっています。
（　　　　　　　　　　　　　　　　　　　　　　　　　　　）

③シャツがはみ出ています。
（　　　　　　　　　　　　　　　　　　　　　　　　　　　）

④スカートをはいて、足を広げて座っています。
（　　　　　　　　　　　　　　　　　　　　　　　　　　　）

⑤汚れた手で、ごはんを食べようとしています。
（　　　　　　　　　　　　　　　　　　　　　　　　　　　）

⑥口に手をあてずに、くしゃみをしました。
（　　　　　　　　　　　　　　　　　　　　　　　　　　　）

⑦3日間お風呂に入っていません。
（　　　　　　　　　　　　　　　　　　　　　　　　　　　）

⑧トイレのあと、手を洗いませんでした。
（　　　　　　　　　　　　　　　　　　　　　　　　　　　）

基本のことば　不潔　はずかしい　みっともない　だらしない　きたならしい　気持ちわるい

マナー・みだしなみ

(2) 質問に答えましょう。どんな服がふさわしいですか。

①レストランへ行くときに着る服は、どんなものがよいですか。
（　　　　　　　　　　　　　　　　　　　　　　　　　　）

②レストランへ行くときに着てはいけない服は、どんなものですか。
（　　　　　　　　　　　　　　　　　　　　　　　　　　）

③運動をするときに着る服は、どんなものがよいですか。
（　　　　　　　　　　　　　　　　　　　　　　　　　　）

④面接のときに着る服は、どんなものがよいですか。
（　　　　　　　　　　　　　　　　　　　　　　　　　　）

⑤結婚式のときに着る服は、どんなものがよいですか。
（　　　　　　　　　　　　　　　　　　　　　　　　　　）

⑥お葬式のときに着る服は、どんなものがよいですか。
（　　　　　　　　　　　　　　　　　　　　　　　　　　）

⑦山登りに行くとき、どんな服を着ますか。
（　　　　　　　　　　　　　　　　　　　　　　　　　　）

⑧気温が３０℃です。どんな服を着ますか。
（　　　　　　　　　　　　　　　　　　　　　　　　　　）

(3) 質問に答えましょう。不潔にしていると、どうなりますか。

①手やからだを不潔にしていると　（　　　　　　　　　　　）
②洋服を不潔にしていると　　　　（　　　　　　　　　　　）
③部屋を不潔にしていると　　　　（　　　　　　　　　　　）
④台所を不潔にしていると　　　　（　　　　　　　　　　　）
⑤髪の毛を不潔にしていると　　　（　　　　　　　　　　　）

●規則を守る学習

[時間]

（1）時間について答えましょう。

①時間を守るとは、どんなことですか。

（　　　　　　　　　　　　　　　　　　　　　）

②なぜ時間を守るのですか。

（　　　　　　　　　　　　　　　　　　　　　）

③時間を守らないと、どうなりますか。

（　　　　　　　　　　　　　　　　　　　　　）

④早寝早起きとは、どんなことですか。

（　　　　　　　　　　　　　　　　　　　　　）

⑤夜ふかしとは、どんなことですか。

（　　　　　　　　　　　　　　　　　　　　　）

⑥「早起きは三文の徳」とは、どういう意味ですか。

（　　　　　　　　　　　　　　　　　　　　　）

[外出]

（2）考えて答えましょう。

①無断外出とは、どういうことですか。

（　　　　　　　　　　　　　　　　　　　　　）

②なぜ、無断外出はいけないのですか。

（　　　　　　　　　　　　　　　　　　　　　）

③外出したいときは、どうしますか。

（　　　　　　　　　　　　　　　　　　　　　）

みだしなみ・規則

4　マナー・常識・規則を身につける

[盗む]

(3) 説明しましょう。

①盗むとは、どういうことですか。
（　　　　　　　　　　　　　　　　　　　　　　）

②万引きとは、どういうことですか。
（　　　　　　　　　　　　　　　　　　　　　　）

③落ちていた１００円玉を、ポケットに入れてもいいですか。
（　　　　　　　　　　　　　　　　　　　　　　）

④友だちの消しゴムを、勝手に使ってもいいですか。
（　　　　　　　　　　　　　　　　　　　　　　）

⑤友だちのかばんを、勝手にあけてもいいですか。
（　　　　　　　　　　　　　　　　　　　　　　）

⑥机の上にあったボールペンを、持って帰ってもいいですか。
（　　　　　　　　　　　　　　　　　　　　　　）

⑦電車のあみだなに本が置いてあります。読んでもいいですか。
（　　　　　　　　　　　　　　　　　　　　　　）

⑧どろぼうとは、どんな人のことですか。
（　　　　　　　　　　　　　　　　　　　　　　）

⑨人のものを盗むと、どうなるのでしょう。
（　　　　　　　　　　　　　　　　　　　　　　）

⑩あなたは人のものを盗みますか、盗みませんか。
（　　　　　　　　　　　　　　　　　　　　　　）

(4) 正しい番号に○をつけましょう。

・本屋さんで、好きな本を見つけました。どうしますか。

　1．持って帰ります。

　2．買います。

　3．お母さんに聞いてから決めます。

(5) 文を読んで答えましょう。

・友だちの家に遊びに行ったら、おもしろいマンガの本がありました。

①持って帰ってもいいですか。（　　　　　　　　　　　　）

②だまって持って帰ったら、どうなりますか。

（　　　　　　　　　　　　　　　　　　　　　　　　）

③貸してほしいときは、どうしますか。

（　　　　　　　　　　　　　　　　　　　　　　　　）

④頼んでも貸してもらえないときは、どうしますか。正しい番号をえらんで○をつけましょう。

　1．「どうしてダメなんだよ！」とどなります。

　2．だまって持って帰ります。

　3．あきらめます。

　4．次に行ったときに読ませてもらいます。

⑤友だちが、ゲームを持って遊びに来ました。帰るときに、ゲームを忘れていってしまいました。どうしますか。

（　　　　　　　　　　　　　　　　　　　　　　　　）
（　　　　　　　　　　　　　　　　　　　　　　　　）
（　　　　　　　　　　　　　　　　　　　　　　　　）

(6) 次のうち、相手から見たら「盗む」と思われてしまう行動はどれですか。あてはまるものに○をつけましょう。

①道に落ちていたPASMO（パスモ）を自分のかばんに入れる　（　）
②棚から商品を取って買い物カゴに入れる　（　）
③買い物カゴに入れずに手に持ってレジに行く　（　）
④店の床に落ちていたおかしをポケットに入れる　（　）
⑤友だちのかばんをあけて中身を確かめる　（　）
⑥友だちの筆箱から何も言わずにえんぴつを借りる　（　）
⑦「消しゴム貸してね」と言って、友だちの消しゴムを借りる　（　）
⑧何も言わずになかよしの友だちの持ち物にさわる　（　）
⑨友だちのうわばきをまちがえて持って帰ってきてしまい、
　そのまま家に置いてある　（　）
⑩お地蔵さまにそなえてあるお金を持って帰る　（　）
⑪図書館の本を図書カードで借りる　（　）
⑫自動販売機の下に落ちていたお金をひろって、ジュースを買う（　）
⑬雨の日にかさを忘れたので、
　かさ立てに置いてあったかさをさして帰る　（　）
⑭スーパーのおかし売り場で、おかしの袋をあけて食べる　（　）
⑮スーパーで「試食をどうぞ」と言われたので、1つだけ食べる（　）

(7) 文章を読んで答えましょう。

> 机の上にあっただれかのペンをぼくがさわっていたら、ゆうや君が急に怒り出した。

①どうしてゆうや君は怒ったのでしょうか。
（　　　　　　　　　　　　　　　　　　　　　　　　）

②ぼくはゆうや君になんと言ったらよいですか。
（　　　　　　　　　　　　　　　　　　　　　　　　）

③自分のものではないペンをさわるとき、どんなことに気をつけますか。
（　　　　　　　　　　　　　　　　　　　　　　　　）

(8) 文章を読んで答えましょう。

> ぼくはきょう、教室で消しゴムが落ちていたからひろった。その消しゴムを自分の机の上に置いておいたら、たつや君が「何するんだ！　どろぼう！」と怒り出した。ぼくは「落ちていたからひろっただけだよ」と言った。

①ぼくは、どろぼうしましたか？
（　　　　　　　　　　　　　　　　　　　　　　　　）

②ぼくが言ったことは本当ですか？
（　　　　　　　　　　　　　　　　　　　　　　　　）

③ぼくは、どうして「どろぼう」と言われたのでしょうか？
（　　　　　　　　　　　　　　　　　　　　　　　　）

④「どろぼう」にまちがわれないためには、どうしたらよかったでしょうか？
（　　　　　　　　　　　　　　　　　　　　　　　　）

⑤「誤解する」とはどういうことですか？
（　　　　　　　　　　　　　　　　　　　　　　　　）

[暴力・暴言]

(9) 説明しましょう。

①友だちをたたいてもいいですか。

（　　　　　　　　　　　　　　　　　　　　　　）

②暴力には、どんなものがありますか。

（　　　　　　　　　　　）（　　　　　　　　　　　）

（　　　　　　　　　　　）（　　　　　　　　　　　）

③暴力をふるわれたら、どんな気持ちになりますか。

（　　　　　　　　　　　　　　　　　　　　　　）

④いやなことを言われたら、暴力をふるってもいいですか。

（　　　　　　　　　　　　　　　　　　　　　　）

⑤あなたが友だちに暴力をふるうと、お父さんやお母さんはどんな気持ちになりますか。

（　　　　　　　　　　　　　　　　　　　　　　）

⑥暴力をふるって相手にけがをさせたら、どうなりますか。

（　　　　　　　　　　　　　　　　　　　　　　）

⑦暴力をふるわれそうになったら、どうしますか。

（　　　　　　　　　　　　　　　　　　　　　　）

（　　　　　　　　　　　　　　　　　　　　　　）

（　　　　　　　　　　　　　　　　　　　　　　）

規則

(10) 次の行動はどんなことばであらわされますか。下の ▭ のことばからえらびましょう。

①病院の待合室に置いてあった本のページを、やぶって持ち帰った。
（　　　　　　　　　　　　　　　　　　　　　　　　　）

②お母さんから「お手伝いして」と頼まれたとき、「うるせぇな」「やりたくねぇよ」と言う。
（　　　　　　　　　　　　　　　　　　　　　　　　　）

③電車で、隣に座っている女の人の携帯の画面を、近くでのぞき込んだ。
（　　　　　　　　　　　　　　　　　　　　　　　　　）

④電車で前に立っている女の人の髪の匂いをかいだ。
（　　　　　　　　　　　　　　　　　　　　　　　　　）

⑤先生から怒られたから、机をけって倒した。
（　　　　　　　　　　　　　　　　　　　　　　　　　）

⑥女の子のスカートをめくって、なかがどうなっているか確かめた。
（　　　　　　　　　　　　　　　　　　　　　　　　　）

⑦駅のホームで人とぶつかったので、「てめえぶっ殺すぞ」とつぶやいた。
（　　　　　　　　　　　　　　　　　　　　　　　　　）

⑧失敗をしてしまったとき、「もうおわりだ」「ぼくなんて死ねばいいんだ」とつぶやいた。
（　　　　　　　　　　　　　　　　　　　　　　　　　）

> 暴力　　窃盗　　万引き　　痴漢　　暴言　　恐喝　　被害妄想
> 迷惑行為　　物損

4　マナー・常識・規則を身につける

（11）暴言について考えましょう。

①暴言にはどんなことばがありますか。

（　　　　　　　　　　）（　　　　　　　　　　　　）
（　　　　　　　　　　）（　　　　　　　　　　　　）

②暴言をはかれたら、どんな気持ちになりますか。

（　　　　　　　　　　　　　　　　　　　　　　　　）

③暴言をはきたくなったらどうしますか。

（　　　　　　　　　　　　　　　　　　　　　　　　）

④暴言をはかれたら、どうしますか。

（　　　　　　　　　　　　　　　　　　　　　　　　）
（　　　　　　　　　　　　　　　　　　　　　　　　）
（　　　　　　　　　　　　　　　　　　　　　　　　）

⑤言ってはいけないことばに×をつけなさい。

> ブス　　きれい　　ハゲ　　ぶっ殺す　　デブ　　死ね　　ありがとう
> ふざけんな　　ごめんね　　クソババア　　チビ　　がんばれ

⑥ことばの暴力とはなんですか。

（　　　　　　　　　　　　　　　　　　　　　　　　）

⑦舌打ちをしてもいいですか。

（　　　　　　　　　　　　　　　　　　　　　　　　）

⑧舌打ちをされると、どんな気持ちになりますか。

（　　　　　　　　　　　　　　　　　　　　　　　　）

[言いわけ・へりくつ]

(12) 言いわけ、へりくつについて答えましょう。

①どういう意味ですか。下の　　　からえらんで答えましょう。

言いわけ　　　　（　　　　　　　　　　　　　　　　　　　）

へりくつ　　　　（　　　　　　　　　　　　　　　　　　　）

正当化　　　　　（　　　　　　　　　　　　　　　　　　　）

ああ言えばこう言う（　　　　　　　　　　　　　　　　　　）

> きちんとした理由のない、自分勝手なりくつ
> わるいところを自分の都合のいいように言いかえること
> 自分のしたことがわるくなかったのだと説明する発言
> 人の言うことを素直に受け入れず、すぐに言い返すこと

②言いわけやへりくつを聞いた人は、どんな気持ちになりますか。あてはまることばに○をつけましょう。

> うれしい　　うんざりする　　うっとおしい　　気持ちいい
> 聞きたい　　聞きたくない

③それはどうしてでしょう。あてはまるものに○をつけましょう。

（　　）自分のことばかりで、聞いている人の気持ちを考えていないから。

（　　）とてもわかりやすくておもしろいから。

（　　）言っていることが正しいとは限らないから。

（　　）自分勝手なことばかり言っているから。

（　　）いい話だなと思うから。

[社会的弱者]

(13) 自分より弱い人とは、次のうちだれがあてはまりますか。下の　　　　　からえらんで○をつけましょう。

```
病気の人    お父さん    女の人    年下の男の子    プロレスラー
おじいさん    けがをした人    野球選手    妊婦さん
```

(14) 強い人、弱い人について考えましょう。

①自分よりも強い人には暴力をふるってもいいですか。
（　　　　　　　　　　　　　　　　　　　　　　　　　　　　　）

②自分よりも弱い人には暴力をふるってもいいですか。
（　　　　　　　　　　　　　　　　　　　　　　　　　　　　　）

③自分より弱い人とは、ほかにどんな人がいますか。
（　　　　　　　）（　　　　　　　　　）（　　　　　　　　　）

(15) 公園に行ったら、小さな子どもが遊んでいました。あなたはどうしますか。（　　）に○をつけましょう。

①とてもかわいいので、頭をなでる　　　　　　　　　　　　（　　　）
②遊んでいるところをベンチに座って1時間以上ながめる　　（　　　）
③楽しそうなので、いっしょに遊ぼうと近くに寄る　　　　　（　　　）
④遊んでいる子のボールがころがってきたら、ひろってわたす（　　　）
⑤遊んでいる子どもは見ずに、ベンチで本を読む　　　　　　（　　　）

[物損]
(16) 質問に答えましょう。

①人の物をこわしてもいいですか。
（　　　　　　　　　　　　　　　　　　　　　　）

②自分の物をこわしてもいいですか。
（　　　　　　　　　　　　　　　　　　　　　　）

③どうしてこわしてはいけないのですか。
（　　　　　　　　　　　　　　　　　　　　　　）

④物をこわされたら、どんな気持ちになりますか。
（　　　　　　　　　　　　　　　　　　　　　　）

⑤道に置いてあるゴミ箱をけってもいいですか。
（　　　　　　　　　　　　　　　　　　　　　　）

⑥イライラしたときに、かべをたたいてもいいですか。
（　　　　　　　　　　　　　　　　　　　　　　）

⑦「物にあたる」とは、どういうことですか。
（　　　　　　　　　　　　　　　　　　　　　　）

⑧人の物をこわしたら、どうしなくてはいけませんか。
（　　　　　　　　　　　　　　　　　　　　　　）

⑨公共の物とは、どんなものですか。
（　　　　　　　　　　　　　　　　　　　　　　）

⑩道にゴミをすててもいいですか。　（　　　　　　　）
　それはなぜですか。
（　　　　　　　　　　　　　　　　　　　　　　）

5 物事を説明する

●物についての学習

(1) 冷蔵庫について説明しましょう。

①冷蔵庫はどこにありますか。　（　　　　　　　　　　　　　　）

②冷蔵庫は何をするものですか。（　　　　　　　　　　　　　　）

③冷蔵庫には何が入っていますか。

（　　　　　　　）（　　　　　　　　　）（　　　　　　　　）

（　　　　　　　）（　　　　　　　　　）（　　　　　　　　）

④お肉を冷蔵庫に入れないと、どうなりますか。

（　　　　　　　　　　　　　　　　　　　　　　　　　　　　）

⑤冷蔵庫をあけるとき、どんなことに注意をしますか。

（　　　　　　　　　　　　　　　　　　　　　　　　　　　　）

⑥冷蔵庫について説明しましょう。

_____

_____

_____

⑦冷蔵庫に入れるものに○、冷凍庫に入れるものに△、どちらにも入れなくてよいものに×を書きなさい。

　　アイスクリーム（　　）　魚（　　）　牛乳（　　）　塩（　　）

　　ポテトチップス（　　）　氷（　　）　卵（　　）　米（　　）

　　かき氷（　　）　肉（　　）　豆腐（　　）　おせんべい（　　）

(2) たんすについて説明しましょう。

①たんすはどこにありますか。（　　　　　　　　　　　　）

②家のなかにあるたんすや本だな、テーブルなどのことを、なんと言いますか。　　　　　　　　（　　　　　　　　　　　　）

③たんすは何をするものですか。
（　　　　　　　　　　　　　　　　　　　　　　　　　）

④たんすに服をしまうときは、どんなことに気をつけますか。
（　　　　　　　　　　　　　　　　　　　　　　　　　）

⑤よごれた服は、たんすにしまいますか。（　　　　　　　）

　それはどうしてですか。理由も書きましょう。
（　　　　　　　　　　　　　　　　　　　　　　　　　）

⑥たんすについて説明しましょう。

_____

_____

_____

⑦家のなかには、どんな家具がありますか。それは何をするものですか。表をうめましょう。

家具の名前	何をするものですか

物の説明

●人物についての学習

(1) よくわかるようにくわしく書きましょう。

①お母さんの服装を説明しましょう。服の名前、色、そざい、そでの長さ、もようなどくわしく書きましょう。

_____
_____
_____

②○○さんは、どんな人ですか。何歳くらい、背の高さ、髪型、職業、性格、しゅみを書きましょう。

_____
_____
_____

③クラスの友だち、2人について説明しましょう。

_____
_____
_____

④担任の先生について説明しましょう。

_____
_____
_____

(2) あなたのことについて説明をしましょう。

① 名前と年齢を書きましょう。

　　名前　　　（　　　　　　　　　　　　　　　　　　　）
　　年齢　　　（　　　　　　　　　　　　　　　　　　　）

② 住所と電話番号を書きましょう。

　　住所　　　（　　　　　　　　　　　　　　　　　　　）
　　電話番号　（　　　　　　　　　　　　　　　　　　　）

③ 身長と体重を書きましょう。

　　身長　　　（　　　　　　　　　　　　　　　　　　　）
　　体重　　　（　　　　　　　　　　　　　　　　　　　）

④ 家族は何人ですか。　　　（　　　　　　　　　　　　　）

⑤ きょうだいはいますか。（　　　　　　　　　　　　　　）

⑥ 家族の名前を書きましょう。

　（　　　　　　　　　　　　　　　　　　　　　　　　　）

⑦ 学校はどこですか。　　　　　　（　　　　　　　　　　）

⑧ 担任の先生の名前を書きましょう。　（　　　　　　　　）

⑨ クラスの友だちの名前を3人書きましょう。

　（　　　　　　　　）（　　　　　　　　）（　　　　　　）

⑩ 家からいちばん近い駅は何駅ですか。（　　　　　　　　）

人物の説明

5　物事を説明する

(3) よくわかるようにくわしく書きましょう。

①あなたの好きな食べ物を2つ書きましょう。

（　　　　　　　　　　）（　　　　　　　　　　　　　　）

②どうして好きなのですか。その理由を3つ書きましょう。

（　　　　　　　　　　　　　　　　　　　　　　　　　　）

（　　　　　　　　　　　　　　　　　　　　　　　　　　）

（　　　　　　　　　　　　　　　　　　　　　　　　　　）

③あなたのきらいな勉強はなんですか。　（　　　　　　　　）

④どうしてきらいなのですか。その理由を1つ書きましょう。

（　　　　　　　　　　　　　　　　　　　　　　　　　　）

⑤好きになるにはどうしたらよいですか。2つ書きましょう。

（　　　　　　　　　　　　　　　　　　　　　　　　　　）

（　　　　　　　　　　　　　　　　　　　　　　　　　　）

⑥あなたのなりたい職業はなんですか。　（　　　　　　　　）

⑦なりたくない職業はなんですか。　（　　　　　　　　　　）

⑧その理由を3つ書きましょう。

（　　　　　　　　　　　　　　　　　　　　　　　　　　）

（　　　　　　　　　　　　　　　　　　　　　　　　　　）

（　　　　　　　　　　　　　　　　　　　　　　　　　　）

⑨学校の勉強で、とくいな科目はなんですか。　（　　　　　）

⑩それはどうしてですか。　（　　　　　　　　　　　　　　）

⑪苦手な科目はなんですか。　（　　　　　　　　　　　　　）

⑫それはどうしてですか。　（　　　　　　　　　　　　　　）

●遊びについての学習

(1) いろいろな遊びについて説明しましょう。

① かるたとり
_____
_____
_____

② にらめっこ
_____
_____
_____

③ 鬼ごっこ
_____
_____
_____

④ かくれんぼ
_____
_____
_____

⑤ 腕ずもう
_____
_____
_____

人物の説明・遊びの説明

●スポーツのルールについての学習

（1）野球について答えましょう。

①チームは何人ですか。　　　　　（　　　　　　　　　　　）

②ポジションの名前を書きなさい。（　　　　　　　　　　　）

③ピッチャーは何をする人ですか。（　　　　　　　　　　　）

④どうすると得点が入りますか。

_____
_____
_____

⑤野球のルールを文章で説明しましょう。

_____
_____
_____

（2）すもうのルールを文章で説明しましょう。

_____
_____
_____

（3）サッカーのルールを文章で説明しましょう。

_____
_____
_____

(4) つなひきについて答えましょう。

①つなひきはいつしますか。(　　　　　　　　　　　　　　　)

②どうやったら勝ちますか。

_____

_____

_____

③つなひきをするとき、どんなかけ声をかけますか。

(　　　　　　　　　　　　　　　　　　　　　　　　)

④勝ち負けがわかったとき、審判はどうやって合図をしますか。

(　　　　　　　　　　　　　　　　　　　　　　　　)

⑤つなひきで勝つためには、何をがんばればよいですか。

(　　　　　　　　　　　　　　　　　　　　　　　　)

⑥つなひきについて、文章で説明しましょう。

_____

_____

_____

(5) ドッジボールのルールを文章で説明しましょう。

_____

_____

_____

(6) 玉入れのルールを文章で説明しましょう。

_____

_____

_____

スポーツのルールの説明

●場所についての学習

(1) 病院について、くわしく説明しましょう。

①病院は何をするところですか。3つ書きましょう。

(　　　　　　　　　　　　　　　　　　　　　)

(　　　　　　　　　　　　　　　　　　　　　)

(　　　　　　　　　　　　　　　　　　　　　)

②どんなときに行きますか。

(　　　　　　　　　　　　　　　　　　　　　)

(　　　　　　　　　　　　　　　　　　　　　)

(　　　　　　　　　　　　　　　　　　　　　)

③どんな人がいますか。

(　　　　　　　　　　　　　　　　　　　　　)

④お医者さんはどんなことをしますか。

(　　　　　　　　　　　　　　　　　　　　　)

⑤看護師さんはどんなことをしますか。

(　　　　　　　　　　　　　　　　　　　　　)

⑥病院に行ったあと、薬をもらうところはどこですか。

(　　　　　　　　　　　　　　　　　　　　　)

⑦病院はどんなところですか、説明しましょう。

_____

_____

_____

(2) 銀行について、くわしく説明しましょう。

①銀行でできることはなんでしょう。

（　　　　　　　　　　　　　　　　　　　　　　）
（　　　　　　　　　　　　　　　　　　　　　　）
（　　　　　　　　　　　　　　　　　　　　　　）

②銀行で使うものはなんでしょう。

（　　　　　　　　）（　　　　　　　　）（　　　　　　　　）

③銀行について説明しましょう。

_____
_____
_____

(3) 図書館について説明しましょう。

_____
_____
_____

(4) 郵便局について説明しましょう。

_____
_____
_____

場所の説明

6 上手に会話をする

●電話の応対(おうたい)の学習(がくしゅう)

(1) 電話でなんと言いますか。

①家にいたら電話がかかってきました。なんと言って出ますか。
（　　　　　　　　　　　　　　　　　　　　　　　）

②「お母(かあ)さんはいますか」と聞かれましたが、お母(かあ)さんは出かけていていません。なんと言いますか。
（　　　　　　　　　　　　　　　　　　　　　　　）

③お母(かあ)さんはお風呂(ふろ)に入っています。なんと言いますか。
（　　　　　　　　　　　　　　　　　　　　　　　）

④お母(かあ)さんは台所(だいどころ)にいます。なんと言いますか。
（　　　　　　　　　　　　　　　　　　　　　　　）

⑤お母(かあ)さんはトイレに入っています。なんと言いますか。
（　　　　　　　　　　　　　　　　　　　　　　　）

⑥お母(かあ)さんはちょっと手がはなせません。「あとでかけなおします」と言っています。なんと言いますか。
（　　　　　　　　　　　　　　　　　　　　　　　）

⑦お母(かあ)さんがいないときに、山田さんから電話がかかってきました。お母(かあ)さんが帰ってきたら、なんと言いますか。
（　　　　　　　　　　　　　　　　　　　　　　　）

⑧電話があったことや、電話で言われたことを忘(わす)れないためには、どうしたらよいですか。
（　　　　　　　　　　　　　　　　　　　　　　　）

●あいさつの学習

(1)「　」に太郎君とお母さんの会話を書きましょう。

①朝起きたとき

　　太郎　　「　　　　　　　　　　　　　　　　　　」

　　お母さん「　　　　　　　　　　　　　　　　　　」

②学校に行くとき

　　太郎　　「　　　　　　　　　　　　　　　　　　」

　　お母さん「　　　　　　　　　　　　　　　　　　」

③学校から帰って玄関をあけるとき

　　太郎　　「　　　　　　　　　　　　　　　　　　」

　　お母さん「　　　　　　　　　　　　　　　　　　」

④ごはんを食べる前

　　太郎　　「　　　　　　　　　　　　　　　　　　」

　　お母さん「　　　　　　　　　　　　　　　　　　」

⑤ごはんを食べおわったら

　　太郎　　「　　　　　　　　　　　　　　　　　　」

　　お母さん「　　　　　　　　　　　　　　　　　　」

⑥寝る前

　　太郎　　「　　　　　　　　　　　　　　　　　　」

　　お母さん「　　　　　　　　　　　　　　　　　　」

電話の応対・あいさつ

● 許可・確認・報告の学習

(1) お母さんに、なんと言いますか。

①ふとんをしくとき、なんと言いますか。
（　　　　　　　　　　　　　　　　　　　　　　　）

②ふとんをしきおわったとき、なんと言いますか。
（　　　　　　　　　　　　　　　　　　　　　　　）

③お風呂に入るとき、なんと言いますか。
（　　　　　　　　　　　　　　　　　　　　　　　）

④お風呂からあがったとき、なんと言いますか。
（　　　　　　　　　　　　　　　　　　　　　　　）

⑤お茶を飲みたいとき、なんと言いますか。
（　　　　　　　　　　　　　　　　　　　　　　　）

⑥お茶を飲みおわったとき、なんと言いますか。
（　　　　　　　　　　　　　　　　　　　　　　　）

⑦洗濯物をとりこむとき、なんと言いますか。
（　　　　　　　　　　　　　　　　　　　　　　　）

⑧洗濯物をとりこんだとき、なんと言いますか。
（　　　　　　　　　　　　　　　　　　　　　　　）

⑨許可をとる、とはどういうことですか。
（　　　　　　　　　　　　　　　　　　　　　　　）

⑩報告をする、とはどういうことですか。
（　　　　　　　　　　　　　　　　　　　　　　　）

●なんと言えばいいか？の学習

> なんと言えばいいか？
> 許可・確認・報告

（1）こんなとき、なんと言いますか。（　　　）に書きましょう。

① お姉さんが足にけがをして、足をひきずっているとき
（　　　　　　　　　　　　　　　　　　　　　　　　　　　　　　）

② 山登りをしていて、自分のくつひもがほどけたとき
（　　　　　　　　　　　　　　　　　　　　　　　　　　　　　　）

③ 友だちのくつひもがほどけているのに気がついたとき
（　　　　　　　　　　　　　　　　　　　　　　　　　　　　　　）

④ ○○ちゃんが手袋を落としたとき
（　　　　　　　　　　　　　　　　　　　　　　　　　　　　　　）

⑤ ○○君がすべってころんだとき
（　　　　　　　　　　　　　　　　　　　　　　　　　　　　　　）

⑥ 勉強をしていて、プリントをやりおえたとき
（　　　　　　　　　　　　　　　　　　　　　　　　　　　　　　）

⑦ 消しゴムで強く消しすぎて、プリントがやぶれてしまったとき
（　　　　　　　　　　　　　　　　　　　　　　　　　　　　　　）

⑧ 先生に宿題を見せるとき
（　　　　　　　　　　　　　　　　　　　　　　　　　　　　　　）

⑨ テスト中に、えんぴつを机の下に落としてしまったとき
（　　　　　　　　　　　　　　　　　　　　　　　　　　　　　　）

⑩ 学校のろうかで友だちにぶつかったとき
（　　　　　　　　　　　　　　　　　　　　　　　　　　　　　　）

6　上手に会話をする

●やりとりの学習

(1) お手伝いについて、やりとりをしてみましょう。

お母さん　「○○君、お手伝いをしてもらえますか」

子ども　　「はい、なんですか」

お母さん　「ここにあるえんぴつを、けずってください」

子ども　　「はい、わかりました。……おわりました」

お母さん　「どうもありがとうございます」

子ども　　「いいえ、どういたしまして。ほかにお手伝いはありますか」

お母さん　「もうけっこうです。またお願いします」

子ども　　「はい、よろこんで」

(2) ごはんについて、やりとりをしてみましょう。

お母さん　「お昼ごはんの時間ですよ」

子ども　　「お母さん、もうごはんを食べてもいいですか」

お母さん　「はい、どうぞ。めしあがれ」

子ども　　「いただきます。きょうのメニューはなんですか」

お母さん　「○○と○○です。苦手な食べ物はありますか」

子ども　　「はい。○○が苦手です」

お母さん　「全部がんばって食べましょうね」

子ども　　「はい、がんばります」

＊○○には、お子さんの名前や好き／きらいな食べ物の名前を入れてください。

(3) テレビについて、やりとりをしてみましょう。

子ども	「お母さん、テレビを見てもいいですか？」
お母さん	「なんの番組を見たいの？」
子ども	「○○という番組が見たいです」
お母さん	「○○がおわったら、すぐにテレビを消すんですよ。約束できますか？」
子ども	「わかりました。約束します」
お母さん	「では、いいですよ」
子ども	「ありがとう」

(4) お花について、やりとりをしてみましょう（春バージョン）。

お母さん	「このお花、きれいですね。なんというお花か知っていますか」
子ども	「知りません。このお花はなんというお花ですか」
お母さん	「このお花は○○と言います。春にさくお花です」
子ども	「○○ですか。ほかに春にさくお花には、どんなものがありますか」
お母さん	「○○や△△があります。ほかにも春にさくお花を見つけましょう」
子ども	「はい、わかりました」

＊○○や△△には、実際の番組名や花の名前を入れてください。

(5) 食事について、「」にセリフを入れてやりとりをしてみましょう。

お母さん　「晩ごはんの時間ですよ」

子ども　　「　　　　　　　　　　　　　　　　　　　　　」

お母さん　「きょうはハンバーグですよ」

子ども　　「　　　　　　　　　　　　　　　　　　　　　」

お母さん　「どうぞめしあがれ」

(6) お風呂をすすめられたときのやりとりを、「」にセリフを入れて、やってみましょう。

お母さん　「お風呂がわきましたよ」

子ども　　「　　　　　　　　　　　　　　　　　　　　　」

お母さん　「お風呂に入るとき、何を準備しますか」

子ども　　「　　　　　　　　　　　　　　　　　　　　　」

お母さん　「じゃあ、準備ができたらお風呂に入ってくださいね」

子ども　　「　　　　　　　　　　　　　　　　　　　　　」

お母さん　「湯船に肩までつかるんですよ」

子ども　　「　　　　　　　　　　　　　　　　　　　　　」

(7) 歯みがきをするときのやりとりを、「」にセリフを入れて、やってみましょう。

子ども　　「　　　　　　　　　　　　　　　　　　　　　」

お母さん　「わかりました。歯みがきの準備をしましょう」

子ども　　「　　　　　　　　　　　　　　　　　　　　　」

お母さん　「しっかりみがいてね」

子ども　　「　　　　　　　　　　　　　　　　　　　　　」

7 ことばの意味を推理する

● たとえのことばの学習

(1) どんなようすですか。説明しましょう。

①この家は、まるでおばけやしきだ
（　　　　　　　　　　　　　　　　　　　　）

②盆のような月が出た
（　　　　　　　　　　　　　　　　　　　　）

③バケツをひっくりかえしたような雨
（　　　　　　　　　　　　　　　　　　　　）

④おひめさまのような服を着ている
（　　　　　　　　　　　　　　　　　　　　）

⑤りんごのようなほっぺ
（　　　　　　　　　　　　　　　　　　　　）

⑥わたあめのような雲
（　　　　　　　　　　　　　　　　　　　　）

⑦そんなことを言うのは赤ちゃんみたいだ
（　　　　　　　　　　　　　　　　　　　　）

⑧おとなっぽい服装
（　　　　　　　　　　　　　　　　　　　　）

⑨真冬並みの天気
（　　　　　　　　　　　　　　　　　　　　）

(2) どんなようすですか。説明しましょう。

①真夏のような天気
（　　　　　　　　　　　　　　　　　　　　　　　　　　　　）

②かみなりのような音
（　　　　　　　　　　　　　　　　　　　　　　　　　　　　）

③ねぐせで、髪の毛がとさかのようになっている
（　　　　　　　　　　　　　　　　　　　　　　　　　　　　）

④お城のような家
（　　　　　　　　　　　　　　　　　　　　　　　　　　　　）

⑤鬼のような顔
（　　　　　　　　　　　　　　　　　　　　　　　　　　　　）

⑥夢のようなひととき
（　　　　　　　　　　　　　　　　　　　　　　　　　　　　）

⑦絵にもかけない美しさ
（　　　　　　　　　　　　　　　　　　　　　　　　　　　　）

⑧今にも泣き出しそうな空
（　　　　　　　　　　　　　　　　　　　　　　　　　　　　）

⑨おすもうさんのようなおなか
（　　　　　　　　　　　　　　　　　　　　　　　　　　　　）

⑩お正月とお誕生日がいっぺんに来たような料理
（　　　　　　　　　　　　　　　　　　　　　　　　　　　　）

(3) 次の文を「まるで○○のようだ」という文に書きなおしなさい。

①田中さんは背が高い⇒
（　　　　　　　　　　　　　　　　　　　　　　　　　　　）

②山田さんは太っている⇒
（　　　　　　　　　　　　　　　　　　　　　　　　　　　）

③さち子ちゃんはかわいい⇒
（　　　　　　　　　　　　　　　　　　　　　　　　　　　）

④この部屋はきたない⇒
（　　　　　　　　　　　　　　　　　　　　　　　　　　　）

⑤きょうは風が強い⇒
（　　　　　　　　　　　　　　　　　　　　　　　　　　　）

⑥となりのおばさんは、おしゃべりだ⇒
（　　　　　　　　　　　　　　　　　　　　　　　　　　　）

⑦手がまっくろだ⇒
（　　　　　　　　　　　　　　　　　　　　　　　　　　　）

⑧小田君は歌が上手だ⇒
（　　　　　　　　　　　　　　　　　　　　　　　　　　　）

⑨あの子はわがままだ⇒
（　　　　　　　　　　　　　　　　　　　　　　　　　　　）

⑩きょうはとても暑い⇒
（　　　　　　　　　　　　　　　　　　　　　　　　　　　）

たとえのことば

●慣用句の学習

（1）次の表現をわかりやすく説明しなさい。

①手があく
（　　　　　　　　　　　　　　　　　　　　　）

②手がかかる
（　　　　　　　　　　　　　　　　　　　　　）

③この作品は手がこんでいる
（　　　　　　　　　　　　　　　　　　　　　）

④手がつけられないほどちらかっている
（　　　　　　　　　　　　　　　　　　　　　）

⑤高価すぎて手がとどかない
（　　　　　　　　　　　　　　　　　　　　　）

⑥手を貸してほしいと頼まれる
（　　　　　　　　　　　　　　　　　　　　　）

⑦頂上からは町全体が手にとるように見える
（　　　　　　　　　　　　　　　　　　　　　）

⑧めずらしい切手を手に入れた
（　　　　　　　　　　　　　　　　　　　　　）

⑨お客さんが多くて手が足りない
（　　　　　　　　　　　　　　　　　　　　　）

(2) 次の表現をわかりやすく説明しなさい。

①甘いものには目がない。
（　　　　　　　　　　　　　　　　　　　　）

②先生の説明を聞いて、目からうろこが落ちた。
（　　　　　　　　　　　　　　　　　　　　）

③目的地は目と鼻の先だ。
（　　　　　　　　　　　　　　　　　　　　）

④孫は目に入れても痛くない。
（　　　　　　　　　　　　　　　　　　　　）

⑤子どもたちのよろこぶ顔が目に浮かぶ。
（　　　　　　　　　　　　　　　　　　　　）

⑥とびらをあけると、大勢の子どもたちが目に入った。
（　　　　　　　　　　　　　　　　　　　　）

⑦群集には目もくれないで、走っていった。
（　　　　　　　　　　　　　　　　　　　　）

⑧わるいことをしていないか、目を光らせている。
（　　　　　　　　　　　　　　　　　　　　）

⑨おばあちゃんが目を細めて、孫のようすを見ている。
（　　　　　　　　　　　　　　　　　　　　）

慣用句

7　ことばの意味を推理する

(3) 次の表現をわかりやすく説明しなさい。

①水に流す
（　　　　　　　　　　　　　　　　　　　　　　　　）

②身を入れる
（　　　　　　　　　　　　　　　　　　　　　　　　）

③油を売る
（　　　　　　　　　　　　　　　　　　　　　　　　）

④足が棒になる
（　　　　　　　　　　　　　　　　　　　　　　　　）

⑤揚げ足をとる
（　　　　　　　　　　　　　　　　　　　　　　　　）

⑥根に持つ
（　　　　　　　　　　　　　　　　　　　　　　　　）

⑦口をすべらせる
（　　　　　　　　　　　　　　　　　　　　　　　　）

⑧へそを曲げる
（　　　　　　　　　　　　　　　　　　　　　　　　）

⑨尻が重い
（　　　　　　　　　　　　　　　　　　　　　　　　）

⑩白を切る
（　　　　　　　　　　　　　　　　　　　　　　　　）

⑪襟を正す
（　　　　　　　　　　　　　　　　　　　　　　　　）

●ことわざの学習

(1) 次のことわざの意味を書きなさい。

①口は災いのもと
（　　　　　　　　　　　　　　　　　　　　　）

②急がば回れ
（　　　　　　　　　　　　　　　　　　　　　）

③千里の道も一歩から
（　　　　　　　　　　　　　　　　　　　　　）

④論より証拠
（　　　　　　　　　　　　　　　　　　　　　）

⑤悪事千里を走る
（　　　　　　　　　　　　　　　　　　　　　）

⑥鬼に金棒
（　　　　　　　　　　　　　　　　　　　　　）

⑦良薬口に苦し
（　　　　　　　　　　　　　　　　　　　　　）

⑧安物買いの銭失い
（　　　　　　　　　　　　　　　　　　　　　）

⑨雨降って地固まる
（　　　　　　　　　　　　　　　　　　　　　）

⑩笑う門には福来る
（　　　　　　　　　　　　　　　　　　　　　）

慣用句・ことわざ

7　ことばの意味を推理する

（2）次のことわざの意味を書きなさい。

①過ぎたるはなお及ばざるが如し

（　　　　　　　　　　　　　　　　　　　　　　　　）

②仏の顔も三度まで

（　　　　　　　　　　　　　　　　　　　　　　　　）

③ならぬ堪忍するが堪忍

（　　　　　　　　　　　　　　　　　　　　　　　　）

④弘法筆を選ばず

（　　　　　　　　　　　　　　　　　　　　　　　　）

⑤物は言いようで角が立つ

（　　　　　　　　　　　　　　　　　　　　　　　　）

⑥能ある鷹は爪を隠す

（　　　　　　　　　　　　　　　　　　　　　　　　）

⑦石の上にも三年

（　　　　　　　　　　　　　　　　　　　　　　　　）

⑧郷に入らば郷に従え

（　　　　　　　　　　　　　　　　　　　　　　　　）

⑨雨垂れ石を穿つ

（　　　　　　　　　　　　　　　　　　　　　　　　）

⑩人間万事塞翁が馬

（　　　　　　　　　　　　　　　　　　　　　　　　）

●四字熟語の学習

(1) 次の四字熟語の意味を書きなさい。

①十人十色

(　　　　　　　　　　　　　　　　　　　　　　　　　)

②一朝一夕

(　　　　　　　　　　　　　　　　　　　　　　　　　)

③自暴自棄

(　　　　　　　　　　　　　　　　　　　　　　　　　)

④唯我独尊

(　　　　　　　　　　　　　　　　　　　　　　　　　)

⑤天地無用

(　　　　　　　　　　　　　　　　　　　　　　　　　)

⑥沈思黙考

(　　　　　　　　　　　　　　　　　　　　　　　　　)

⑦単刀直入

(　　　　　　　　　　　　　　　　　　　　　　　　　)

⑧不撓不屈

(　　　　　　　　　　　　　　　　　　　　　　　　　)

⑨一刻千金

(　　　　　　　　　　　　　　　　　　　　　　　　　)

ことわざ・四字熟語

●ウソとホントの区別

(1) 次の文章は本当ですか、うそですか。

①きのう、火星に行ってきました。　　　　　（　　　　）

②２０歳になったら、お酒が飲めます。　　　（　　　　）

③ぼくは、友だちが１０００人います。　　　（　　　　）

④ぼくは、クラスでいちばん背が高いです。　（　　　　）

⑤ぼくのお母さんは、やさしいです。　　　　（　　　　）

⑥ぼくは、怒られたことがありません。　　　（　　　　）

⑦赤ちゃんは、すぐに泣きます。　　　　　　（　　　　）

⑧オーストラリアでは、クリスマスは夏です。（　　　　）

⑨貯金箱にお金を入れると、利息がつきます。（　　　　）

⑩ホームランを打ったら、スタンドへ走ります。（　　　　）

⑪勉強しないと、頭がわるくなります。　　　（　　　　）

⑫中学生は、車の運転ができます。　　　　　（　　　　）

⑬アメリカでは、車は右側を走ります。　　　（　　　　）

(2) うそについて答えましょう。

①うそをついてもいいですか。（　　　　　　　　　　　）

②いつもうそをついてばかりいると、どうなりますか。

（　　　　　　　　　　　　　　　　　　　　　　　　）

●ことばの推理

（1）言ってもよいことには○、言ってはいけないことには×をつけましょう。

① （女の人に）「あなたは何歳ですか」 （　）
② 「きょうの洋服は、よく似合っていますね」 （　）
③ 「あなたは太っていますね」 （　）
④ 「髪の毛が少ないですね」 （　）
⑤ 「すてきな髪型ですね」 （　）
⑥ 「あなたは年をとっていますね」 （　）
⑦ （おいしいごはんをごちそうになって、おなかがいっぱいになったとき）

「とてもおいしかったです」 （　）

「胃がむかむかします」 （　）

「気持ちがわるいです」 （　）

「おなかがいっぱいになりました」 （　）

⑧ （めがねをかけている人に）「あなたは目がわるいですか」（　）
⑨ （知らない人に）「誕生日はいつですか」 （　）
⑩ （短い髪の女性に）「あなたは男ですか」 （　）
⑪ （泣いている子どもに）「静かにしてください」 （　）
⑫ （バスの運転手さんに）「ありがとうございました」 （　）
⑬ （家庭訪問に来た先生に）「帰ってください」 （　）

(2) 次の☐☐☐の文章を読んで答えましょう。

> しずかちゃんが、ピアノの発表会で失敗してしまいました。とてもがっかりしています。お母さんが、「上手にひけたよ」と言いました。

①本当は、しずかちゃんは上手にひけましたか。
（　　　　　　　　　　　　　　　　　　　　　　）

②お母さんが言ったことは本当ですか、うそですか。
（　　　　　　　　　　　　　　　　　　　　　　）

③どうしてお母さんは、「上手にひけたよ」と言ったのですか。
（　　　　　　　　　　　　　　　　　　　　　　）

④こんなうそをついてもいいですか。　（　　　　　　　　　）

⑤それはどうしてですか。
（　　　　　　　　　　　　　　　　　　　　　　）

> ゆうじ君は学校の帰りに寄り道をして、家に帰るのがおそくなりました。お母さんが、「どうしておそくなったの」と聞きました。ゆうじ君は、「きょうは学校でいのこりだったから」と言いました。

⑥ゆうじ君が言ったことは本当ですか、うそですか。
（　　　　　　　　　　　　　　　　　　　　　　）

⑦どうして、ゆうじ君はうそをついたのですか。
（　　　　　　　　　　　　　　　　　　　　　　）

⑧こんなうそをついてもいいですか。　（　　　　　　　　　）

⑨それはどうしてですか。
（　　　　　　　　　　　　　　　　　　　　　　）

(3) 次の▭の文章を読んで答えましょう。

> あきら君は、みんなの見ている前で、ころんでけがをしてしまいました。「痛くないよ」と言っています。

①あきら君の本当の気持ちは？
（　　　　　　　　　　　　　　　　　　　　　　　）

②あきら君はどうして痛くないと言ったのでしょうか。
（　　　　　　　　　　　　　　　　　　　　　　　）

> ひろし君は、新しいゲームを買ってもらいました。その話を聞いたいじめっ子のよしお君が、「ひろし、ゲームを買ってもらったんだろ。見せろよ」と言いました。ひろし君は「ゲームはなくなっちゃった」と言いました。ひろし君は、本当はゲームを持っています。

③どうしてうそをついたのでしょう。
（　　　　　　　　　　　　　　　　　　　　　　　）

> お父さんはひっこしのとき、重い荷物を運んでいてぎっくり腰になりました。でも、「痛くないよ」と言っています。

④お父さんはどうして「痛くない」と言ったのでしょうか。
（　　　　　　　　　　　　　　　　　　　　　　　）

⑤あなたは、どうすればいいでしょうか。
（　　　　　　　　　　　　　　　　　　　　　　　）

ことばの推理

7　ことばの意味を推理する

8 総合問題

(1) 次の▢の文章を読んで答えましょう。

> 太郎君は、お母さんと勉強をしているとき、答えをまちがえました。お母さんがプリントに×をつけました。太郎君は、プリントをやぶいて投げました。

①お母さんは、どうして×をつけたのですか。

（　　　　　　　　　　　　　　　　　　　　　　）

②太郎君は、どうしてプリントをやぶいたのですか。

（　　　　　　　　　　　　　　　　　　　　　　）

③プリントをやぶいてもいいですか。

（　　　　　　　　　　　　　　　　　　　　　　）

④答えをまちがえたのは、だれですか。

（　　　　　　　　　　　　　　　　　　　　　　）

⑤わるいのは太郎君ですか、お母さんですか。

（　　　　　　　　　　　　　　　　　　　　　　）

⑥お母さんが×をつけたとき、太郎君はどうすればよいですか。正しい番号に○をつけましょう。

　1.「×をつけないで！」と言う。

　2. ×はいやだけれど、がまんする。

　3. ○に書きかえる。

⑦×をつけられた問題はどうしますか。

（　　　　　　　　　　　　　　　　　　　　　　）

(2) 正しい番号に○をつけましょう。

①線路に定期券を落としました。どうしますか。

1. 自分でひろいます。
2. 駅員さんに言って、ひろってもらいます。
3. そのまま電車に乗ります。

②駅員さんがいません。どうしますか。

1. 自分でひろいます。
2. 駅員さんが来るのを待ちます。
3. お母さんに電話をします。
4. ホームにいる人にとってもらいます。

(3) 文を読んで答えましょう。

①線路におりてもいいですか。

(　　　　　　　　　　　　　　　　　　　　)

　それはどうしてですか。

(　　　　　　　　　　　　　　　　　　　　)

②線路に物を落とさないためには、どんなことに気をつければいいですか。

(　　　　　　　　　　　　　　　　　　　　)
(　　　　　　　　　　　　　　　　　　　　)

(4) 文章を読んで答えましょう。

①授業中に、わからないことがあったときはどうしますか。

（　　　　　　　　　　　　　　　　　　　　　　　　　　）

②質問することはよいことですか、わるいことですか。正しいものに○をつけましょう。

　　〔よいこと　　わるいこと　　よいときもわるいときもある〕

③質問してもよいときは、どんなときですか。正しいものに○をつけましょう。

　　〔人が話しているとき　　みんなが静かにしているとき

　　質問をどうぞと言われたとき〕

④どうしても質問したくなったら、どうしますか。

（　　　　　　　　　　　　　　　　　　　　　　　　　　）

⑤手をあげても指名してもらえなかったときは、どうしますか。正しい番号に○をつけましょう。

　1．指名してもらえるまで手をあげています。

　2．あとで手紙で質問します。

　3．「質問があります」「手をあげています」と大きな声で言います。

　4．質問してはいけないときです。あきらめます。

⑥わからない問題がありましたが、先生に質問できませんでした。どうしますか。

（　　　　　　　　　　　　　　　　　　　　　　　　　　）

（　　　　　　　　　　　　　　　　　　　　　　　　　　）

(5) 文章を読んで答えましょう。

> こうじ君は、友だちに「自己チューの人、手をあげて〜」と言われて、とりあえず「はい」と手をあげました。そして、友だちから「自分で自己チューと言うなんてバカだね〜」と言われ、「ぼくはバカじゃない」と突然怒りはじめました。

①自己チューとはなんの略ですか？ （　　　　　　　　　　　）

②自己中心的とはどんな意味ですか？　わからなければ調べましょう。
（　　　　　　　　　　　　　　　　　　　　　　　　　　　）

③どうして友だちは「バカ」と言ったのですか？
（　　　　　　　　　　　　　　　　　　　　　　　　　　　）

④どうしてこうじ君は突然怒りはじめたのですか？
（　　　　　　　　　　　　　　　　　　　　　　　　　　　）

⑤こうじ君は自己チューの意味を知っていますか？
（　　　　　　　　　　　　　　　　　　　　　　　　　　　）

⑥意味がわからないときは、手をあげますか？
（　　　　　　　　　　　　　　　　　　　　　　　　　　　）

⑦友だちは、こうじ君のことを本当にバカだと思っていますか？
（　　　　　　　　　　　　　　　　　　　　　　　　　　　）

⑧友だちは、怒りはじめたこうじ君を見てどう思ったでしょうか？
（　　　　　　　　　　　　　　　　　　　　　　　　　　　）

(6) 文章を読んで答えましょう。

①信号が赤になりました。

　わたってもいいですか。　（　　　　　　　　　　　　　　　）

　どうしますか。　　　　　（　　　　　　　　　　　　　　　）

②赤になったのに、わたっている人がいました。どうしますか。正しい番号に○をつけましょう。

　1. いっしょにわたります。

　2. 「わたってはいけません」と注意します。

　3. わたっている人を見ても、何も言いません。

　4. 青になるまで待ちます。

③注意をしてもよい人と、注意をしないほうがよい人がいます。線でむすびましょう。

　　　　　　注意をしてもよい人・　　　　・知らない人

　　　　　　　　　　　　　　　　　　　　・友だち

　　　　注意をしないほうがよい人・　　　・家族

④わるいことをしている人を見たら、どうしますか。

（　　　　　　　　　　　　　　　　　　　　　　　　　　　　）

⑤妹が、晩ごはんのからあげをつまみ食いしました。どうしますか。

　1. 「だめだ！」と言って、頭をなぐって泣かせます。

　2. 自分もいっしょにつまみ食いをします。

　3. お母さんに言います。

(7) 文章を読んで答えましょう。

> きょうはひとりで出かけました。「4時に帰ります」と、お母さんに約束しました。用事がおわって駅に着いたら、電車が信号トラブルで止まっていて動きません。もうすぐ4時になってしまいます。どうしますか。

①正しい番号をえらんで○をつけましょう。

　1．駅員さんに、「4時になってしまいます。困ります」と言います。

　2．電車が動くまで静かに待ちます。

　3．お母さんに電話をして、説明します。

②電話をして、なんと言いますか。

（　　　　　　　　　　　　　　　　　　　　　）

③電話をすると、お母さんはどんな気持ちになりますか。

（　　　　　　　　　　　　　　　　　　　　　）

④電話をしないと、お母さんはどんな気持ちになりますか。

（　　　　　　　　　　　　　　　　　　　　　）

⑤電話をしたほうがいいのは、どんなときですか。

（　　　　　　　　　　　　　　　　　　　　　）

⑥予定の時間よりおくれたときにいちばん大切なことは、次のどれですか。正しい番号に○をつけましょう。

　1．大急ぎで行くこと

　2．あわてずゆっくりと行くこと

　3．「おくれます」と、連絡をすること

(8) 表を見て答えましょう。

	好きなこと	きらいなこと
たかし君	電車	サッカー
みち子さん	サッカー	パソコン
あきら君	パソコン	電車

①たかし君は、みち子さんと学校ではじめて会いました。たかし君がパソコンの話をするのは、よいことですか。（　　　　　　　　　）

　それはどうしてですか。
（　　　　　　　　　　　　　　　　　　　　　　　　　　　）

②たかし君が電車の話をするのは、よいことですか。
（　　　　　　　　　　　　　　　　　　　　　　　　　　　）

③たかし君は電車の話をするとき、なんて聞きますか。
（　　　　　　　　　　　　　　　　　　　　　　　　　　　）

④たかし君が、みち子さんと友だちになるには、なんの話をしたらいいですか。
（　　　　　　　　　　　　　　　　　　　　　　　　　　　）

　それはどうしてですか。
（　　　　　　　　　　　　　　　　　　　　　　　　　　　）

⑤このときのたかし君の気持ちは、
（　　　　　　　　　　　　　　　　　　　　　　　　　　　）

⑥このときのみち子さんの気持ちは、
（　　　　　　　　　　　　　　　　　　　　　　　　　　　）

⑦相手の好きなことについて話すのは、よいことですか。
(　　　　　　　　　　　　　　　　　　　　　　　　)
⑧自分の好きなことについて話すのは、よいことですか。
(　　　　　　　　　　　　　　　　　　　　　　　　)
⑨友だちになるには、自分の好きなことを話したらいいですか、それとも相手の好きなことを、話したらいいですか。
(　　　　　　　　　　　　　　　　　　　　　　　　)
⑩たかし君が、あきら君と学校で会いました。なんの話をしてはいけないですか。
(　　　　　　　　　　　　　　　　　　　　　　　　)
　なんの話をすればいいですか。
(　　　　　　　　　　　　　　　　　　　　　　　　)
⑪たかし君、みち子さん、あきら君の3人が学校で会いました。なんの話をすればいいですか。
(　　　　　　　　　　　　　　　　　　　　　　　　)
⑫あなたはなんの話をしたいですか。
(　　　　　　　　　　　　　　　　　　　　　　　　)
(　　　　　　　　　　　　　　　　　　　　　　　　)
⑬お母さんは、なんの話をしたいでしょうか。
(　　　　　　　　　　　　　　　　　　　　　　　　)
⑭〇〇さんは、なんの話をしたいでしょうか。
(　　　　　　　　　　　　　　　　　　　　　　　　)
＊〇〇には、友だちや身近な人の名前を入れましょう。

(9) よく考えて答えましょう。

①お父さんが家に帰ってきたら、なんと言いますか。
（　　　　　　　　　　　　　　　　　　　　　）

②お母さんが家に帰ってきたら、なんと言いますか。
（　　　　　　　　　　　　　　　　　　　　　）

③友だちが家に来たら、なんと言いますか。
（　　　　　　　　　　　　　　　　　　　　　）

④となりのおばさんが家に来たら、なんと言いますか。
（　　　　　　　　　　　　　　　　　　　　　）

⑤ねこが家に入ってきたら、なんと言いますか。
（　　　　　　　　　　　　　　　　　　　　　）

⑥どろぼうが家に入ってきたら、なんと言いますか。
（　　　　　　　　　　　　　　　　　　　　　）

⑦紙を切るものはどれですか。〔　　〕からえらんで○をつけましょう。
　〔いたばさみ　　かみばさみ　　たちばさみ〕

⑧食べ物に使うものはどれですか。〔　　〕からえらんで○をつけましょう。
　〔さいばし　　めがねばし　　くちばし〕

⑨痛いのはどれですか。〔　　〕からえらんで○をつけましょう。
　〔目がとび出る　　目からうろこ　　目から火が出る〕

(10) 次の □ の文章を読んでよいことには○、わるいことには×を（　）に書き入れましょう。

> こうた君と、はるなさんと、さとし君で動物園に行きました。売店でフランクフルトを買いました。フランクフルトを食べはじめると、はるなさんはフランクフルトを落としてしまいました。

① (　) こうた君はフランクフルトをひろって、はるなさんにわたしました。

② (　) こうた君は自分のフランクフルトをはるなさんにわたし、落ちたフランクフルトを食べました。

③ (　) こうた君はさとし君のフランクフルトを、はるなさんにわたしました。

④ (　) こうた君は自分のフランクフルトの半分を、はるなさんにあげました。

⑤ (　) はるなさんは落ちたフランクフルトを、さるに食べさせました。

⑥ (　) こうた君はお金があったので、もうひとつフランクフルトを買ってきました。

⑦ (　) こうた君は、さとし君と相談して、半分ずつはるなさんにあげることにしました。

（11）こんなこと、できるかな？　実際に試してみましょう。

①ゴミが落ちているけれど、ひろいません。

②ドアが少しあいているけれど、しめません。

③呼び鈴を押したいけれど、押しません。

④電車を見たいけれど、見ずに帰ります。

⑤髪の毛にさわりたいけれど、さわりません。

⑥洋服のそでがぬれてしまいました。でも、お風呂の時間までは着がえません。

⑦字をまちがえました。でも、きょうは消しゴムがないので消しません。下に書きなおします。

⑧いつもとちがう順番で、勉強します。

⑨きょうのスケジュールを変更します。

⑩今週末の予定を変更します。

⑪きょうは、お母さんが着がえを手伝います。

⑫お母さんの言った順番で食べます。

⑬きょうは、食後のお茶は一杯しか飲みません。

（12）質問に答えましょう。

①「こだわる」とはどういうことですか。
（　　　　　　　　　　　　　　　　　　　　　　　　）

②「しつこい」とはどういうことですか。
（　　　　　　　　　　　　　　　　　　　　　　　　）

(13) 質問に答えましょう。

①あなたは男性ですか、女性ですか。　　（　　　　　　　　　）

②電車のなかにかわいい女の子がいました。女の子をじろじろ見てもいいですか。　　　　　　　　　　　　　（　　　　　　　　　）

③女の子に話しかけてもいいですか。　　（　　　　　　　　　）

④女の子に近づいてさわってもいいですか。（　　　　　　　　　）

⑤女の子について行ってもいいですか。　（　　　　　　　　　）

⑥どうして女の子に話しかけたり、さわったりしてはいけないのですか。
（　　　　　　　　　　　　　　　　　　　　　　　　　　）

⑦「ちかん」とは、どんな人のことですか。
（　　　　　　　　　　　　　　　　　　　　　　　　　　）

⑧「ストーカー」とは、どんな人のことですか。
（　　　　　　　　　　　　　　　　　　　　　　　　　　）

⑨「ちかん」や「ストーカー」にまちがわれたら、どうなりますか。
（　　　　　　　　　　　　　　　　　　　　　　　　　　）

⑩電車のなかに女の子がいたら、どんなことに気をつけますか。
（　　　　　　　　　　　　　　　　　　　　　　　　　　）
（　　　　　　　　　　　　　　　　　　　　　　　　　　）
（　　　　　　　　　　　　　　　　　　　　　　　　　　）

(14) 文章を読んで答えましょう。

> 太郎君は、雪道ですべってしりもちをついてしまいました。それをけんた君が見ていて大きな声で笑いました。ゆり子さんは、急いで太郎君のところへ走っていって、「大丈夫？　痛かったでしょう」と言い、太郎君の手をひっぱって起こしてあげました。

①太郎君は、どうしてころんでしまったのですか。

（　　　　　　　　　　　　　　　　　　　　　　　　　）

②ころんだとき、太郎君はどんな気持ちですか。

（　　　　　　　　　　　　　　　　　　　　　　　　　）

③けんた君は、どうして大きな声で笑ったのですか。

（　　　　　　　　　　　　　　　　　　　　　　　　　）

④けんた君に笑われて、太郎君はどんな気持ちになったでしょうか。

（　　　　　　　　　　　　　　　　　　　　　　　　　）

⑤ゆり子さんは、どうして太郎君のところに走っていったのですか。

（　　　　　　　　　　　　　　　　　　　　　　　　　）

⑥太郎君はゆり子さんに起こしてもらって、どんな気持ちだったのでしょうか。

（　　　　　　　　　　　　　　　　　　　　　　　　　）

⑦太郎君はゆり子さんになんと言ったらいいですか。

（　　　　　　　　　　　　　　　　　　　　　　　　　）

⑧3人のなかで、親切な行動をしたのはだれですか。
（　　　　　　　　　　　　　　　　　　　　　　）
⑨3人のなかで、はずかしい行動をしたのはだれですか。
（　　　　　　　　　　　　　　　　　　　　　　）
⑩友だちがころんだときに、大声で笑ってもいいですか。
（　　　　　　　　　　　　　　　　　　　　　　）
⑪あなたが雪道でころんだとき、近くにいる友だちにどうしてほしいですか。
（　　　　　　　　　　　　　　　　　　　　　　）
⑫友だちが雪道でころんだら、あなたはどうしますか。
（　　　　　　　　　　　　　　　　　　　　　　）
⑬「親切」とはどういうことですか。
（　　　　　　　　　　　　　　　　　　　　　　）
⑭親切な行動には、どんなものがありますか。
（　　　　　　　　　　　　　　　　　　　　　　）
（　　　　　　　　　　　　　　　　　　　　　　）
（　　　　　　　　　　　　　　　　　　　　　　）
⑮あなたが最近、人に親切にされたことを書きましょう。
（　　　　　　　　　　　　　　　　　　　　　　）
⑯あなたが最近、人に親切にしたことを書きましょう。
（　　　　　　　　　　　　　　　　　　　　　　）

(15) 質問に答えましょう。

①他人に迷惑をかけてもいいですか。（　　　　　　　　　）

②車のなかでしたら、迷惑なことはなんでしょうか。

（　　　　　　　　　　　　　　　　　　　　　　　　　）
（　　　　　　　　　　　　　　　　　　　　　　　　　）
（　　　　　　　　　　　　　　　　　　　　　　　　　）

③授業中にしたら、迷惑なことはなんでしょうか。

（　　　　　　　　　　　　　　　　　　　　　　　　　）
（　　　　　　　　　　　　　　　　　　　　　　　　　）
（　　　　　　　　　　　　　　　　　　　　　　　　　）

④お母さんが台所で、料理をつくっています。どんなことをしたら、お母さんに迷惑がかかりますか。

（　　　　　　　　　　　　　　　　　　　　　　　　　）
（　　　　　　　　　　　　　　　　　　　　　　　　　）
（　　　　　　　　　　　　　　　　　　　　　　　　　）

⑤お母さんが電話をしています。どんなことをしたら、迷惑がかかりますか。

（　　　　　　　　　　　　　　　　　　　　　　　　　）
（　　　　　　　　　　　　　　　　　　　　　　　　　）
（　　　　　　　　　　　　　　　　　　　　　　　　　）

⑥「迷惑をかける」とは、どういうことですか。説明しましょう。

（　　　　　　　　　　　　　　　　　　　　　　　　　）

●会話の技術

(16) 次のことばを、相手を傷つけない表現に言いかえましょう。

①この料理はまずいですね。　→（　　　　　　　　　　　　　）

②太っていますね。　　　　　→（　　　　　　　　　　　　　）

③音痴ですね。　　　　　　　→（　　　　　　　　　　　　　）

④変な服を着ていますね。　　→（　　　　　　　　　　　　　）

⑤字がきたなくて読めません。→（　　　　　　　　　　　　　）

⑥また負けましたね。　　　　→（　　　　　　　　　　　　　）

(17)「遠回しに言う」とはどんなことですか。

（　　　　　　　　　　　　　　　　　　　　　　　　　　　）

(18) 言ってもよいことに○、言わないほうがよいことに×をつけなさい。

①ひどいねぐせですね　　　（　　）　②顔色がわるいですね　　　（　　）

③すてきな髪型ですね　　　（　　）　④元気そうですね　　　　　（　　）

⑤髪の毛が少ないですね　　（　　）　⑥暗い顔をしていますね　　（　　）

(19) どんなようすですか。説明しなさい。

①無愛想　　　　　　（　　　　　　　　　　　　　　　　　　）

②つっけんどん　　　（　　　　　　　　　　　　　　　　　　）

③ああ言えばこう言う（　　　　　　　　　　　　　　　　　　）

④聞く耳を持たない　（　　　　　　　　　　　　　　　　　　）

(20) 質問に答えましょう。

①もうすぐあなたの誕生日です。まわりの人に「もうすぐ、ぼくの誕生日です」と言ってもいいですか。（　　　　　　　　　　　　　）

　それはなぜですか。（　　　　　　　　　　　　　　　　　　）

②あなたはバレンタインデーに、けい子さんからチョコレートをもらいました。ホワイトデーにお返ししようと思って、プレゼントを用意しました。けい子さんに、「もうすぐホワイトデーですね」と言ってもいいですか。　　　　　　（　　　　　　　　　　　　　　　　　）

　それはどうしてですか。（　　　　　　　　　　　　　　　　）

③「催促する」とは、どんなことですか。
（　　　　　　　　　　　　　　　　　　　　　　　　　　　　）

④「押しつけがましい」とは、どんなことですか。
（　　　　　　　　　　　　　　　　　　　　　　　　　　　　）

⑤「いっしょに食事に行きませんか」とさそわれましたが、行きたくありません。「行きたくありません」と言ってもいいですか。
（　　　　　　　　　　　　　　　　　　　　　　　　　　　　）

⑥なんと言って断ったらいいですか。

　友だちにさそわれたとき（　　　　　　　　　　　　　　　）

　目上の人（先輩や上司）にさそわれたとき
　　　　　　　　　　　　（　　　　　　　　　　　　　　　）

　家族にさそわれたとき　（　　　　　　　　　　　　　　　）

⑦「やんわりと断る」とは、どういうことですか。
（　　　　　　　　　　　　　　　　　　　　　　　　　　　　）

●ニュアンスのちがいの説明

(21) 次のことばのちがいを説明しましょう。

① 「さいふが置いてあった」と「さいふが落ちていた」のちがいを説明しましょう。
（　　　　　　　　　　　　　　　　　　　　　　　　　　　）

② 「さいふをひろった」と「さいふを盗んだ」のちがいを説明しましょう。
（　　　　　　　　　　　　　　　　　　　　　　　　　　　）

③ 「人を押した」と「人にぶつかった」のちがいを説明しましょう。
（　　　　　　　　　　　　　　　　　　　　　　　　　　　）

④ 「置いてきた」と「忘れた」のちがいを説明しましょう。
（　　　　　　　　　　　　　　　　　　　　　　　　　　　）

⑤ 「できない」と「やりたくない」のちがいを説明しましょう。
（　　　　　　　　　　　　　　　　　　　　　　　　　　　）

⑥ 「もらった」と「とりあげた」のちがいを説明しましょう。
（　　　　　　　　　　　　　　　　　　　　　　　　　　　）

⑦ 「見た」と「見えた」のちがいを説明しましょう。
（　　　　　　　　　　　　　　　　　　　　　　　　　　　）

⑧ 「落とした」と「落ちた」のちがいを説明しましょう。
（　　　　　　　　　　　　　　　　　　　　　　　　　　　）

●現実と空想

(22) ことばの意味を書きましょう。

①「現実」の意味を書きましょう。

（　　　　　　　　　　　　　　　　　　　　　　　　　　　）

②「空想」とはどういうことですか？

（　　　　　　　　　　　　　　　　　　　　　　　　　　　）

(23) 文を読んで答えましょう。

> もうすぐ運動会です。ぼくの１００メートルのタイムは９秒で、とても速く走れます。もちろんリレーの選手にえらばれました。運動会では、一番をとりたいです。

①上の文で、空想だと思うところに下線を引きましょう。

②どうしてそう思ったのですか？

（　　　　　　　　　　　　　　　　　　　　　　　　　　　）

> さとし君はアイドルのＫさんが大好きです。このあいだ握手会に行き、Ｋさんから「メールアドレス交換して」と言われました。さとし君はうれしくて、すぐにアドレスを交換しました。

③上の文で、空想だと思うところに下線を引きましょう。

④どうしてそう思ったのですか？

（　　　　　　　　　　　　　　　　　　　　　　　　　　　）

●こんなときどうしたらいいですか

(24) 文を読んで答えましょう。

> まこと君はドッジボールをしています。とうとう敵のゆうた君にボールをあてられて、「どうしてぼくにボールをぶつけるんだよ。痛いだろう」と、怒ってしまいました。

①まこと君とゆうた君のどちらがわるいでしょうか？（　　　　　）
②どうしてわるいのですか？（　　　　　　　　　　　　　　　　）
③ドッジボールでボールをあてられて怒るのは、よいことですか？　わるいことですか？（　　　　　　　　　　　　　　　　　　　）
④それはどうしてですか？　（　　　　　　　　　　　　　　　　）
⑤ドッジボールでボールをあてられたら、どうすればいいですか？　○×をつけましょう。

　　（　　）だまって外野に出る。　（　　）「バカヤロウ」とさけぶ

　　（　　）にらんで外野に出る。　（　　）「もうやらない」と言う。

> たくや君は人前で鼻をほじることがあります。女の子に「きたない。あっちに行って」と言われると「ぼくはきたなくない」と怒り出し、女の子をたたこうとしました。

⑥鼻をほじる人は、ほかの人からどう思われますか？
（　　　　　　　　　　　　　　　　　　　　　　　　　　　　）
⑦きたないと言われたから腹が立って、仕返しに友だちをたたくのは、よいですか？　わるいですか？（　　　　　　　　　　　　　）
⑧これからたくや君はどうすればいいですか？
（　　　　　　　　　　　　　　　　　　　　　　　　　　　　）

●メディアの使い方

(25) テレビを見るときに気をつけることを3つ書きましょう。
　　（　　　　　　　　　　　　　　　　　　　　　　　　　　）
　　（　　　　　　　　　　　　　　　　　　　　　　　　　　）
　　（　　　　　　　　　　　　　　　　　　　　　　　　　　）

(26) 1日にどれくらいの時間、テレビを見ますか。あなたの家のルールを書きましょう。
　　（　　　）30分
　　（　　　）1時間
　　（　　　）2時間
　　（　　　）3時間以上

(27) テレビを長い時間見続けていると、どうなりますか。
　　（　　　　　　　　　　　　　　　　　　　　　　　　　　）
　　（　　　　　　　　　　　　　　　　　　　　　　　　　　）

(28) パソコンの使い方で正しいものに〇、まちがっているものに×をつけましょう。
①お父さんやお母さんのパソコンを勝手に使う　　　　　（　　）
②画面に顔を近づけて見る　　　　　　　　　　　　　　（　　）
③明るい部屋で使う　　　　　　　　　　　　　　　　　（　　）
④ごはんを食べないでパソコンをし続ける　　　　　　　（　　）
⑤お母さんに確認せずにインターネットで買い物をする　（　　）
⑥1時間以上続けてパソコンを使う　　　　　　　　　　（　　）

(29) 携帯電話、スマートフォンの使い方について、文を読んで答えましょう。

①携帯電話、スマートフォンを使ってはいけないときを5つ書きましょう。

（　　　　　　　　　　）（　　　　　　　　　　　　）

（　　　　　　　　　　）（　　　　　　　　　　　　）

（　　　　　　　　　）

②電車のなかで、電話してはいけないのはなぜですか。

（　　　　　　　　　　　　　　　　　　　　　　　）

③電車に乗っているときお母さんから電話がありました。どうしますか。

（　　　　　　　　　　　　　　　　　　　　　　　）

(30) 友だちから下の　　　　　のようなメールが来ました。返事の書き方で正しいものに○、まちがっているものに×をつけましょう。

> ゲーム貸して。あした学校にゲーム持ってきて。

①いいよ、あした学校でわたすね。　　　　　　　　　（　　）

②やだよ。お前なんかに貸すもんか。　　　　　　　　（　　）

③学校には持っていけないから、今度ぼくの家でいっしょにやろう。（　　）

(31) スマートフォンでアニメを見ているときに、お母さんが「お手伝いして」と言いました。どうしますか。

（　　　　　　　　　　　　　　　　　　　　　　　）

(32) スマートフォンでゲームをしているときに、お母さんからメールが来ました。どうしますか。

（　　　　　　　　　　　　　　　　　　　　　　　）

(33) スマートフォンでゲームをしているときに、下の□□□□のようなメッセージが出ました。正しいものに○、まちがっているものに×をつけましょう。

> このサービスには○○円かかります。よろしいですか？

① （　　　）はい、をえらんで続ける。

② （　　　）お母さんに聞く。

③ （　　　）いいえ、をえらんでやめる。

(34) 携帯電話、スマートフォンの使い方について、正しいほうを○でかこみましょう。

①携帯電話はお母さんやお父さんの（見ているところで・見ていないところで）使います。

②１回に（１時間・１０分）使ったらやめます。

③電車やバスでは（音が鳴るように・音が鳴らないように）しておきます。

④家に帰ったら（ずっと携帯で遊びます・部屋に置いておきます）。

(35) メールのやりとりについて答えましょう。

①たかし君は、みほちゃんとケンカをしたので、その日の夜にみほちゃんにメールで「しねしねしね」と送りました。このメールをもらったみほちゃんは、どんな気持ちでしょうか？

（　　　　　　　　　　　　　　　　　　　　　　　　　　　　　　　）

②正しいものには○、まちがっているものには×をつけましょう。

　　（　　）きらいな人には、しねとメールしてもよい。

　　（　　）メールはどの時間に送ってもよい。

　　（　　）忙しいときは返信はすぐにしなくてもよい。

　　（　　）返信がすぐに来なかったら怒ってもよい。

●お金の管理

(36) 文章を読んで答えましょう。

> お母さんが「緊急のときのためのお金です」と言って1000円くれました。帰り道、おなかがすいて、コンビニでチキンを買いました。

①これはよいことですか。わるいことですか。（　　　　　　　　　）

それはどうしてですか。（　　　　　　　　　　　　　　　　）

②緊急のときとは、どんなときですか。

（　　　　　　　）（　　　　　　　　　）（　　　　　　　　　）

③帰り道でおなかがすいたら、どうしますか。

（　　　　　　　　　　　　　　　　　　　　　　　　　　　）

④ほしかったゲームカードを「1000円で売ってあげるよ」と、友だちが言いました。どうしますか。

（　　　　　　　　　　　　　　　　　　　　　　　　　　　）

(37) 文章を読んで答えましょう。

①太郎君はお正月のお年玉を合計2万円もらいました。2万円は子どもにとって高額ですか？　少ないですか？（　　　　　　　　　　　　）

②このお年玉はどうしたらよいと思いますか？　正しいものに〇、まちがっているものには×をつけましょう。

（　　）このお金はぼくのものだから、ゲームを買います。

（　　）お金が必要になるときまでお母さんに預かってもらいます。

（　　）お金があるので、大好きな友だちにプレゼントを買います。

（　　）友だちが「いいなー少しちょうだい」と言ってきたので、1000円くらいあげました。

●子ども、お年寄り、妊婦とのかかわり方

(38) 赤ちゃんが泣いています。正しいものに○、まちがっているものに×をつけましょう。

① (　　) 静かに歩く

② (　　) うるさいのでたたく

③ (　　) 大きな声で話す

④ (　　) 赤ちゃんの洋服をひっぱる

⑤ (　　) おもちゃを投げる

⑥ (　　) 耳をふさぐ

⑦ (　　) 赤ちゃんのお母さんに「赤ちゃんが泣いています」と言う

(39) 電車のなかで、子どもが大きな声で話しています。正しいものに○、まちがっているものに×をつけましょう。

① (　　) 注意する

② (　　) ける

③ (　　) その子のお母さんが注意するまで待つ

(40) 道路で、おばあさんがゆっくり歩いています。正しいものに○、まちがっているものに×をつけましょう。

① (　　) おそいので押す

② (　　) ぶつからないように気をつけて歩く

③ (　　) 「おそいですよ」と注意する

(41) どうしたらよいですか。文章を読んで正しいものをえらびましょう。

①公園で小さい子どもが走ってきてあなたにぶつかりました。どうしますか。

  1.「何するんだ！　危ないだろう！」と叱る

  2.「大丈夫ですか？」と声をかける

  3.　何も言わずに立ち去る

②あなたの家に、小さい子どもが遊びに来ました。あなたのおもちゃをさわってしまいました。どうしますか。

  1.「勝手にさわらないでください！」と言う

  2.　だまってじっと見ている

  3.「貸してあげるよ」と言う

③電車で席に座っていたら、おじいさんが乗ってきました。どうしますか。

  1.　寝たふりをする

  2.　そのまま座っている

  3.「こちらへどうぞ」と言って席をゆずる

④おなかの大きな女の人がいます。おなかのなかにはだれがいますか。

（　　　　　　　　　　　　　　　　　　　　　）

⑤バスで席に座っていたら、おなかの大きな女の人が乗ってきました。どうしますか。

（　　　　　　　　　　　　　　　　　　　　　）

8　総合問題

コラム

高機能自閉症・アスペルガー症候群のための
よいコミュニケーションを学習するために気をつけたい**7**カ条

① 確認ことばを教えて習慣化しましょう

× 買ってきたお菓子や、机の上に置いてある包み紙などを勝手に開けてしまう。

○ 子「お母さん、開けてもいいですか？」
母「いいですよ」or「これは、まだ開けません。棚にしまっておきます」
「明日、お母さんが開けます」「夕飯のあとに開けてください」

勝手に開けようとする前に、「なんて言いますか？」と質問し、「開けていいですか？」という確認言葉が言えるよう促しましょう。反射的に行動せずに、相手の許可をとることを教えます。相手や状況に合わせて自分の行動をコントロールするためのよい練習になります。

② 言い訳、へ理屈（相手のせい）、開き直り、ひとりよがりなことばを使わない会話型を教えましょう

× 「なんでアイス買うの忘れたんだよー!!」

○ 「この次はアイスを買ってほしいです。お願いします」

× 「なんでこんなに迎えが遅いんだよ。ふざけんな」

○ 「遅くて心配したけど、やっと迎えにきてくれてうれしいです」

「だって、あの子がぼくを見てきたからたたいたんだよ！ ぼくはわるくない！」 「見られていると思ったらイライラして、思わずたたいてしまってごめんなさい」

「どうせ私はバカだから、こんな問題解けない」 「ちょっと難しい問題があるので、教えてください」

何か事が起きると、「お母さんが教えてくれないからわるいんだ！」「どうせみんなぼくのことがきらいなんでしょ」など、周囲がびっくりするようなことを言い出します。「言い訳・へりくつ・ひらき直り・ひとりよがり」が四大特徴です。「こんなとき、なんて言いますか？」という問題を作成するなどして、自己中心的にならない会話の方法を教えましょう。

危険なことば・悪いことばをチェックしましょう。早期修正を!!

殺す　死ね　火をつけるぞ　ウゼー　ふざけんな　刺すぞ　見てんじゃねえよ
おマエうるせえ　さわるな　クソ　クセー　やめろ　ホームから突き落とすぞ

意に沿わないことがあると、烈火のごとく怒り出し、暴言罵声を使ってしまいます。これらは、その場で3秒以内にNOサインを出すのが基本です。ただちに正しい言い方で訂正させます。しかし、興奮しすぎて余計エスカレートしそうな場合は、反応せず、ガラリと話題、場所を変えるのもひとつの手です。また、自分の発した言葉に捉われ、それを現実に実行しようとすることもあるので注意が必要です。

こうした反発反射的な暴言のある子どもは、普段から思ったことをすぐ口に出してしまうことがよく見られます。ですから、美しいことば遣いを教えるだけでなく、今は話さない（黙っている）、ということを教えることがとても重要です。相手の話を聞くために、黙って耳を傾けることを練習しましょう。

> 例：欲求のままに自分の好きな車について話すとき
> 子「今、話してもよいですか？」
> 母「ごめんなさい。今忙しいです」
> 子「いつ話していいですか？」
> 母「お皿を全部洗ってからならよいですよ」
> 「○分間だけ話しましょう」
> 「洗濯物をたたむまで静かに待っててね。そのあと話しましょう」

口を閉じて、おしゃべりしないでいることを持続できるようになると、わるいことばが消えて、よいことばを使うことができるようになっていきます。

**あいさつを励行しましょう。
家族間でも「です・ます」調で会話しましょう**

ありがとうございます　どういたしまして
ごめんなさい　はい　いいえ
失礼します　どうかしましたか
いいえ、結構です
はい、わかりました　すみません
大丈夫ですか　お手伝いしましょうか

　家族や学校でよいことばを使えないでいるのに、社会に出ていきなり使えるはずがありません。まずは家庭で励行しましょう。
　また、「なんで?」「どうして?」は本人の要求のままに使われてしまうことが多く、わるいコミュニケーションに陥りがちですから気をつけましょう。こうした言葉での質問攻めが始まったら、早めに会話を切り上げたほうがよいでしょう。

 「書く」ことがことばを意識化させ、考えることにつながります

　よく話ができる子どもでも、ことばの意味内容がよくわからないまま話していることが、少なくありません。このワークシートに掲載されている問題を行なうと、子どもの理解度がよくわかります。口頭でのやりとりだとなんとなくわかっているように思えたことも、いざ書かせてみると、わかっていなかったり、偏った理解の仕方をしていることがあります。プリントでの概念学習を通して、子どものことばの理解をチェックし、修正をしていきましょう。

 非言語的コミュニケーション力を上げましょう

　話せるからといって、私たちと同じようにことばを理解して使っているとは限りません。話せば話すほど、状態をわるくしてしまうこともあります。また、私たちが日常で使っている「うなずく」「アイコンタクト」などが、あうんの呼吸として通じないことが多くあります。意図的に練習して教えていきましょう。

例：○のときは首を縦にふる、×のときは首を横にふるを練習しておきます。

「食べる食べる食べる！！！」

「おやつ食べますか？」

「……（無言で首を縦にふる）」

よく話せる子に、質問に言葉を使わずに答えなさい、というのは、意外と頭を使う課題なのです。

ほかにも書写や、絵をまねして書く、立体的な絵や実物をまねして書く、運動、ダンス、ゆっくりまねする、音声模倣をするなども効果的です。

⑦ 身体のコントロールのチェックと調整をしましょう

よいコミュニケーションは、「聞く・考える・話す」という行動が基礎になります。そのためには、よい姿勢でいること、周囲の状況をしっかり見ていること、など身体コントロール力の向上が欠かせません。

例えば、暴言がでやすいK君の場合、

前傾姿勢
↓
突発的な動き・超速つめいじり・マイペース
↓
独り言
↓
暴言・虚言・言い訳

というように、前傾姿勢から徐々に状態が崩れていきます。ですから、前傾姿勢の時点で、「背中伸ばそうね」「こちらのお手伝いをお願い」など目的行動を促し、エスカレートしないように対応します。よい姿勢で体幹を保っていられるだけで、指示が入りやすくなります。

イライラしやすく状態が悪い、頭が働かない、行動が衝動的……そんな傾向が強いときは、身体のコントロールもわるくなっています。お説教をするより、まず体の状態を整えることが大切です。

そのために効果があるのは、歩くことです。1時間くらい続けて歩行をすることで、脳の働きが活性化します。自分のペースで勝手に歩くのではなく、大人と手をつないで、歩調を合わせて歩くようにすると、呼吸も整い、余計な力が抜けて落ち着いた状態になります。

学習指導に加え、「歩行」と「体幹支持」の重要性を見直しましょう。

解説・解答例

1 気持ち・情緒を理解する

●感覚をあらわすことばの学習

P.10（1）①（熱い）②（温かい）③（冷たい）④（冷たい）⑤（すっぱい）⑥（あまい）⑦（しょっぱい）⑧（にがい）⑨（すっぱい）⑩（からい）

P.10（2）①（おでん）（やきいも）（ラーメン）②（アイス）（かき氷）（スイカ）③（注射）（けが）（ハチ）④（ごみ）（うんち）（おなら）

P.11（3）①（きれい）②（きたない）③（苦しい、または楽しい）④（楽）⑤（暑い）⑥（寒い）⑦（おいしい）⑧（まずい）⑨（うるさい）⑩（静か）⑪（あまずっぱい）⑫（ズキズキいたい）⑬（いたがゆい）⑭（イライラする、むしゃくしゃする）⑮（ワクワクする）

P.11（4）※この問題には、正解はありません。本人の感覚に近いことばで答えられるように誘導してください。

●感情をあらわすことばの学習

P.12（1）、（2）※この問題には、正解はありません。本人の感覚に近いことばで答えられるように誘導してください。

P.13（3）①（かわいそう、心配だ、など）②（うれしい、感謝、親切だな、など）③（ほこらしい、親切だ、など）④（さびしい、心配だ、不安だ、など）⑤（なさけない、みっともない、はずかしい、など）⑥（心配だ）⑦（もったいない）⑧（なつかしい）⑨（心細い、ドキドキする、など）⑩（不安だ）

P.14（4）①（うれしい、ほこらしい、など）②（悲しい、残念、腹が立つ、など）③（心細い、心配、さびしい、不安、など）④（心配、かわいそう／※うるさい、イライラする、など）※聴覚過敏の子どもの場合、このように感じていることがあります。そのため、泣いている子に近づいていってたたこうとしたりすることもみられます。気持ちの学習と同時に、「うるさい。でもたたきません」「イライラする。だから離れたところに行きます」など、問題行動対応のための言語学習を並行して行なってください。⑤（くやしい、残念、次は勝ちたい、など）⑥（うらやましい）⑦（悲しい）⑧（うれしい、楽しい）⑨（苦しい、疲れた）⑩（はずかしい、みっともない）⑪（残念、腹が立つ、もっとやりたい、など）

P.15（5）①（うれしい）②（疲れた）③（残念、がっかり、悲しい、など）④（はずかしい、みっともない、笑われてくやしい、など）⑤（うれしい、ほこらしい、など）⑥（うれしい、またがんばろう、など）⑦（こわい、さびしい、早く帰ってきてほしい、など）⑧（はずかしい）⑨（楽しい、こわい、ドキドキする、など）

P.16（6）※この問題には、正解はありません。本人の感覚に近いことばで答えられるように誘導してください。

●相手と自分の気持ちのちがいの学習（相手の気持ちを読みとる）

P.17（1）①（悲しい、つらい）②（うれしい、楽しい）③（怒っている）④（痛い、残念、くやしい）⑤（はずかしい）⑥（いやだな）⑦（まあいいよ、仕方ないな、苦笑い）⑧（困った、どうしよう）

P.18（2）①（おしゃべりをしていて、楽しい気持ち）②（マラソンをしていて、苦しい気持ち）③（注射をしていて、いやな気持ち）④（あくびをしていて、眠たい気持ち）⑤（風が吹いていて、寒いなという気持ち）⑥（プレゼントをもらって、うれしい気持ち）⑦（石につまずいてこ

ろんで、痛いなという気持ち） ⑧（犬にほえられて、こわい気持ち）

P.19 （3）①（つらい、苦しい）（心配、かわいそう） ②（うれしい、やったぜ）（くやしい、次は勝ちたい） ③（残念、くやしい）（なさけない、悲しい） ④（うれしい、がんばった）（うれしい、ほこらしい） ⑤（まずい、わるいことをした）（悲しい、くやしい）

P.20 （4）①（だってきらいだから仕方ない）※このような思考がよいかわるいかについても考えさせましょう。（悲しい、せっかくつくったのだから食べてほしい、など） ②（せっかくつくってくれたのだから食べよう）（きらいなのにがんばって食べてくれてうれしい） ③（好きなものをもらえてうれしい）（喜んでくれてうれしい） ④（忘れているのかな、悲しい）（わるかったな）

P.21 （5）①（痛い、悲しい、助けてほしい、など）（かわいそう、どうしよう）（大丈夫？ 保健室に行こうよ、など） ②（ぼく）（くやしい、次は負けたくない、など） ③（悲しい、不安、など）（かわいそう） ④（助かる、やさしいな、うれしい、など）（手伝えてうれしい、ほこらしい、など）

P.22 （6）①（くやしい）（うれしい） ②（はずかしい、悲しい、など）（なさけない） ③（困った、どうしよう、など）（かわいそう）（うれしい、ほっとした、親切でやさしいな、など）（教科書を見せてあげる）

P.23 （7）※この問題には、正解はありません。本人の感覚に近いことばで答えられるように誘導してください。また、家族構成などに応じて、問題文を変えて使用してください。

● 感情と行動の区別

P.24 （1）①（×）（○）（×） ②（×）（○）（×） ③（×）（○）（×）

P.24 （2）①（がんばろう） ②（残念、行きたかった）（がまんします） ③（残念、悲しい）（がまんします、お小遣いがたまったら買います） ④（困る）（きょうはあきらめます）

P.25 （3）①（電車がこんでいるから、席が空いていないから、お年寄りに席をゆずったから、など） ②（行きたい、けれどお父さんは疲れているから、どうしよう、など）（疲れた、休みたい、など）（きょうはあきらめます） ③（もっとしていたい、でも怒られたらいやだな、など）（言うことを聞いてほしい、宿題をしていないのが心配、など）（ゲームをやめて、宿題をします） ④（話したい、イライラする、聞いてほしい、など）（うんざり、いや、しつこいな、など）（話をやめます） ⑤（まだ眠い、もっと寝ていたい、など）（遅刻したら困る、早く起きてほしい、など）（眠いけれど起きます）

2 よい・わるいを判断する

● 正否・善悪をあらわすことばの学習

P.26 （1）①（○） ②（×） ③（ちがう） ④（まちがい） ⑤（いけない、だめ、わるい） ⑥（よい） ⑦（正しい、よい） ⑧（へんだ、おかしい） ⑨（だめ、いけない） ⑩（だめ、いけない） ⑪（よい） ⑫（だめ、いけない） ⑬（だめ、いけない） ⑭（よい、正しい） ⑮（わるい、まちがい） ⑯（おかしい、へんだ）

P.27 （2）①（ひとりごとを言いながら歩くのはへんだ）（冬にランニングシャツ１枚でいるのはへんだ） ②（うそをついてもいい、というのはまちがいだ）（１＋１＝３はまちがいだ） ③（お母さんの言うことは正しい）（信号が青になったらわたるのは正しい） ④（宿題をやらないでゲームをしていたらお母さんが怒るのはもっともだ）

125

（大声でしゃべっていたら静かにしろと言われるのはもっともだ）⑤（本当に全部自分でやったのかどうかうたがわしい）（苦手な算数で100点をとるなんて、カンニングをしていないかうたがわしい）⑥（しまったはずの鍵がなくなるなんておかしなことだ）（何回もトイレがつまるなんておかしなことだ）⑦（本屋さんで、お金を払わずに本を持って帰ったら犯罪だ）（人に暴力をふるうのは犯罪だ）

●善悪を判断する学習

P.28（1）①（×）②（○）③（×）④（×）⑤（○）⑥（○）⑦（×）⑧（○）⑨（×）⑩（×）⑪（×）⑫（○）※⑪、⑫は男子高校生の息子に対して、お母さんが作成した問題です。電車内で距離感をとりづらく、女性の前に立つことでトラブルになる可能性があるため、あらかじめルールとして「女性の前には立たない」ということを教えました。この問題が必要ない方には、あえて教えなくてかまいません。⑬（×）⑭（○）⑮（×）（○）⑯（×）（×）（○）⑰（×）（×）（×）（○）

P.29（2）①（4時）②（D）

P.29（3）①（がまんします）（買ってと駄々をこねます）②（早くやってしまいます）（できる分だけやります）③（がまんして食べます）（ピーマンだけ残します）④（2人の子のうしろにならんで待ちます）（ならばないで、あいたブランコを使います）

P.30（4）①（いけません）（友だちが困るからです、勝手に使うのはどろぼうだからです、など）②（あほ、ばか、死ね、うざい、きもい、クソババア、ハゲ、チビ、デブ、など）③（やさしいね、おもしろいね、親切だね、かわいいね、かっこいいね、上手だね、など）④（よいことです）（お母さんが助かるから）⑤（おかし 犬 ドラえもんのマンガ おもちゃ ぬいぐるみ ゲーム ミミズ シュークリーム サンダル）（学校の決まりだから、じゃまになるから、など）

P.31（5）①（○）②（×）③（○）④（○）⑤（×）⑥（×）⑦（○）⑧（×）⑨（×）⑩（○）

P.31（6）①（おばあさんに席をゆずります）②（ありがとうございます）③（ありがとうございました）④（うれしい気持ち）

P.32（7）①（女の子をたたいている）（男の子にたたかれて泣いている）②（男の子）③（女の子をたたいているから、暴力をふるってはいけないから、など）④（男の子が女の子に謝る）⑤（悪口を言う、たたく、いじわるをする、など）※本人の問題行動に応じて解答を引き出してください。⑥（ごめんなさい。まちがってしまいました）

P.33（8）①（トイレットペーパーで遊んでいる）②（わるいことです）③（トイレットペーパーがもったいないから）④（必要な量だけ切って使います）※5回折って切ります、など、回数で教えたほうがわかりやすい場合もあります。⑤（トイレがつまってしまいます）⑥（トイレットペーパー以外のものを流したとき、など）⑦（ごはんを残したとき、水を出しっぱなしにしたとき、電気をつけっぱなしにしたとき、など）

P.34（9）①（壁に落書きをしています）②（わるいことです）③（壁がきたなくなるからです）④（壁がきたなくなります。お母さんが困ります）⑤（画用紙に書きます）

P.34（10）①（線路に石を置いています）②（わるいことです）③（危ないからです、電車が脱線してしまうかもしれないからです）④（いけません）⑤（電車が脱線します、電車が止まります）

P.35（11）①（わるいことです）②（窓ガラスが割れるかもしれないからです）（物が倒れた

り、家具が傷ついたりするからです） ③※この問題に正解はありません。家庭のルールに合わせて、解答を誘導してください。 ④（悪口を言う、物を隠す、落書きをする、仲間外れにする、たたいたりけったりする、いやがることを言ってからかう、など） ⑤※正直に答えさせましょう。 ⑥（わるいことです） ⑦（助ける、先生に言う、お母さんに言う、など）

P.36（12）①（青） ②（交通事故にあわないようにするためです） ③（左右を見てからわたる）（走ってわたらない）

P.36（13）①（×） ②（×） ③（○）※小さい子のお世話を過剰にしたがることが問題な子どもに対しては、答えは×と教えます。④（○） ⑤（×） ⑥（×） ⑦（×） ⑧（○） ⑨（×） ⑩（○） ⑪（×）

●理由を説明する学習

P.37（1）①（いけません）（不潔だからです、つめがなくなってしまうからです、など） ②（いいです）（おばあさんが助かるからです） ③（いけません）（お年寄りや、からだの不自由な人のための席だからです） ④（いけません）（道がきたなくなるからです、ゴミはゴミ箱にすてないといけないからです、誰かがつまずいてころんでしまうかもしれないからです、など） ⑤（いけません）（お金を払わないとどろぼうになるからです、犯罪だからです、警察につかまるからです、お店の人が困るからです、など） ⑥（いけません）（まわりの人の迷惑になるからです、先生の話が聞こえなくなるからです、など） ⑦（いけません）（ほかの乗客の迷惑になるからです） ⑧（いけません）（本屋さんが困るからです、本が汚れてしまうからです、読みたいなら買わなくてはならないからです、など）

P.38（2）①（はい、よいことです）（頭がよくなるからです） ②（いいえ、わるいことです）（信号を見ないでわたると危ないからです） ③（いいえ、わるいことです）（友だちが痛い思いをするからです、けがをしてしまうからです、など） ④（はい、よいことです）（お母さんが助かるからです） ⑤（いいえ、わるいことです）（不潔だからです、えんぴつにかみ跡がついてしまうからです、など） ⑥（いいえ、わるいことです）（まわりの人の迷惑になるからです、まわりの人が気にするからです、など） ⑦（いいえ、わるいことです）（お母さんが悲しい気持ちになるからです、傷つくからです、など） ⑧（いいえ、わるいことです）（一番にやれないこともあるからです、無理に一番にやろうとすると危ないからです、順番を守らないといけないからです、など）

3 問題解決をする

●こんなときどうするか？の学習

P.39（1）①（1）（2） ②（学校に取りに行きます） ③（先生に言います） ④（2） ⑤（うちわをさがします、冷たい飲み物を飲みます、半そでに着替えます、など） ⑥（先生に相談します、お母さんに言います、近づいてきたら逃げます、ほかの友だちと遊びます、など）※お子さんの状況に合わせて自衛の手段を教えましょう。

P.40（2）①（マスクをする、からだを冷やさない、早寝早起きをする、運動をしてからだを鍛える、など） ②（学校を休む、早く寝る、病院に行く、熱を測る、薬を飲む、など） ③（お母さんに頼む、踏み台を持ってくる、あきらめる、など） ④（エアコンをつける、上着を着る、窓を閉める、など） ⑤（相手の人に電話をして謝る、急いで用意をする、朝食は食べずにすぐ出かける、など）

P.41（3）①（ほかの先生にどうしたらよいか聞く、持って帰ってお母さんに「担任の先生はお休みでした」と言って手紙を返す、次の日に手紙をわたす、など）②（洗濯物をとりこむ、お母さんに伝える、家のなかにほす、など）③（お母さんに言う、駅員さんに言う、切符を買う、など）④（食事の量を減らす、ウォーキングをする、おやつを食べない、など）⑤（前を見て歩く、少しはなれて歩く、スマホを見ながら歩かない、など）

P.42（4）①（友だちに謝る、ふきんでふく、ほして乾かす、弁償する、お母さんに相談する、など）②（ふきんを持ってきてふく、お茶を分けてあげる、「大丈夫？」と声をかける、など）③（お母さんに聞く、教科書を見る、辞書をひく、など）④（とばして次の問題を解く、もう一度考える、テストがおわったあとに教科書を見て確かめる、など）⑤（いけません）⑥（カンニング）

P.43（5）①（静かに歩く、音を立てずに歩く、そっと歩く、だまって歩く、など）②（ほうきとちりとりでガラスを集める、そうじ機で吸い取る、飛び散っていないかよく見る、など）③（リップクリームをぬる、ハンドクリームをぬる、手袋をはめる、くちびるをなめない、など）④（ズボンのすそを折る、ハンカチでふいてから入る、友だちにぬれていることを伝える、など）

P.44（6）①（買えるものだけ買う、小さいサイズのものに変える、お母さんに電話をする、など）②（ちょっと待ってくださいと言う、急いで問題を解いてから話を聞く、友だちが急いでいるときは手を止めて話を聞く、など）③（山田先生にもう一度確認する、加藤先生に伝言を頼まれたけれど内容を忘れたことを伝える、次に聞くときは伝言を忘れないようにメモする、など）④（先生に伝える、友だちに貸してもらう、次に忘れないように連絡ノートに書いておく、など）⑤（録画しておく、あきらめる、がまんする、など）

4　マナー・常識・規則を身につける

●マナーの学習

P.45（1）①（便座を汚さない、おしっこをとばさない、トイレットペーパーは3回折る※使いすぎる子どもには回数で教えるとよい、おしりを出さない、チャックからおしっこする、など）※子どもの性別や問題に応じて解答を導いてください。②（スリッパをそろえる、水を流す、手を洗う、電気を消す、など）③（ふり回さない、上に向けない、など）（人に向けてひらかない、ゆっくりひらく、など）（下を向かない、かさがほかの人にぶつからないように気をつける）（雨粒をとばさない、そっととじる、など）（雨粒をそっと払ってから乗る、かさが人にぶつからないように気をつける）（たたんでから入れる、空いているところに入れる）

P.46（2）①（手を口にあてる、人に向けてくしゃみをしない、など）②（食べ物を口に入れたまましゃべらない、ちびちび食べない、よくかんで食べる、口に物を入れすぎない、こぼさない、など）③（口のなかの食べ物がなくなってから答える、口のなかの食べ物が見えないように答える、など）④（つりかわに両手でぶら下がらない、ひとりごとを言わない、電車のなかを歩き回らない、空いている席に走って座りに行かない、からだをゆらさない、など）※子どもの問題に応じた解答を導いてください。

P.47（3）①（左右を見てからわたる、歩いてわたる、青になったらわたる、点滅しているときはわたらない、など）②（包丁を人に向けない、指を切らないように気をつける、切るものを左手で押さえて切る、使った包丁を出しっぱなしにしな

い、など) ③(順番にならんで待つ、割り込みをしない、動かないで待つ、ひとりごとを言わない、しゃがまない、など)※子どもの問題に応じた解答を導いてください。 ④(静かにする、走り回らない、読んだ本は元の場所に戻す、など) ⑤(立って着替える、荷物はロッカーに入れる、など)(走らない、ゆっくり歩く、など)(ほかの人にぶつからないように泳ぐ、走って飛び込まない、など)(座って休む、大声を出さない、など)※子どもの問題に応じた解答を導いてください。

P.48(4)①(×) ②(×) ③(○) ④(×) ⑤(○) ⑥(×) ⑦(×) ⑧(○) ⑨(×) ⑩(×) ⑪(×) ⑫(○)

P.48(5)(いすをガタガタする、授業中に歩き回る、机に落書きをする、きらいな給食のおかずを引き出しに入れる、後ろを向いておしゃべりをする、など)※子どもの問題に応じた解答を導いてください。

P.48(6)(水しぶきを上げる、おしっこをする、水着をぬぐ、入ってはいけないレーンに入る、人にぶつかる、など)※子どもの問題に応じた解答を導いてください。

P.49(7)①(笑う、ニヤニヤする、おしゃべりをする、ひとりごとを言う) ②(話しかけてよいときかどうか確かめてから話す、名前を呼んでから話す、など) ③(相手の顔(目)を見る) ④(話を聞く、話している人の顔を見る、相手が話しおわるまで、自分の話をしない) ⑤(「はい」「ふうん」「そうですか」などのようにうなずくこと) ⑥(いけません)(失礼だからです)(「失礼します」と言ってから通ります) ⑦※適切な距離を教えてください。

P.50(8)①(○) ②(×) ③(×) ④(○) ⑤(×) ⑥(×)

P.50(9)①(話がおわってから) ②(「お話し中すみません」と言ってから、要件を伝える) ③(電話がおわってから) ④(お母さんがトイレから出てから)

●みだしなみの学習
P.51(1)①(洗濯をしないと不潔だからです) ②(きたならしいからです、不潔だからです) ③(だらしがないからです、みっともないからです、など) ④(パンツが見えてしまってはずかしいからです、みっともないからです、など) ⑤(きたないからです、不潔だからです、おなかをこわすからです、など) ⑥(かぜがうつるからです、不潔だからです、まわりの人がいやな思いをするからです、など) ⑦(不潔だからです) ⑧(不潔だからです、きたならしいからです)

P.52(2)①(きれいな服を着て行きます) ②(ランニングシャツ、サンダル、など) ③(体育着、ジャージ、など) ④(スーツ、白いシャツ、革ぐつ、など) ⑤(スーツ、ドレス、ワンピース、など) ⑥(黒いスーツ、黒いワンピース、など) ⑦(長そで・長ズボンで登山ぐつをはいて、リュックをしょって行きます) ⑧(半そで・半ズボンのすずしい服を着ます)

P.52(3)①(病気になります、ばいきんが入ります、など) ②(みすぼらしくなります、洋服がしわしわになります、など) ③(ほこりがたまります、さがし物が増えます、など) ④(かびが生えます、こばえがわきます、など) ⑤(シラミがわきます、フケがたまります、など)

●規則を守る学習
P.53(1)①(決められた時間通りに行動すること) ②(人に迷惑をかけないため、時間を有効に使うため、計画通りに行動するため、など) ③(人に迷惑がかかる、時間が無駄になる、など)

解説・解答例 129

④（夜早く寝て、朝早く起きること） ⑤（夜遅くまで起きていること） ⑥（朝早く起きると、それだけ仕事や勉強がはかどり、得をする）

P.53（2）①（お母さんや先生に断らずに、勝手に外出することです） ②（お母さんや先生が心配するからです） ③（お母さんや先生に相談します）

P.54（3）①（人の物を勝手に持って行くことです） ②（お店の物を、お金を払わずに持って帰ることです） ③（いけません） ④（いけません） ⑤（いけません） ⑥（いけません） ⑦（いけません） ⑧（人の物を盗む人のことです） ⑨（警察につかまります、盗まれた人が困ります、など） ⑩（盗みません）

P.55（4）（3）

P.55（5）①（いけません） ②（どろぼうになります、友だちが困ります、など） ③（「貸してください」と言います） ④（3、4） ⑤（電話をして忘れたことを伝えます、家まで届けます、お母さんに相談します、など）

P.56（6）①、④、⑤、⑥、⑧、⑨、⑩、⑫、⑬、⑭

P.57（7）①（ゆうや君のペンだったから） ②（ごめん、ゆうや君のペンだとは知らなかったんだ） ③（「これだれのですか？」と確認してからさわる、など）

P.57（8）①（していません） ②（本当） ③（ひろった消しゴムを机に置いておいたから） ④（「これだれの？」と聞く、先生にわたす、など） ⑤（まちがった理解をすること、思いちがいをすること）

P.58（9）①（いけません） ②（人をたたく、ける、つねる、押す、つきとばす、など） ③（痛い、こわい、悲しい、など） ④（いいえ、いけません） ⑤（悲しい、つらい、など） ⑥（警察につかまります） ⑦（逃げます、「やめて」と言います、先生に言います、など）

P.59（10）①（窃盗） ②（暴言） ③（迷惑行為） ④（痴漢） ⑤（物損） ⑥（痴漢） ⑦（暴言） ⑧（被害妄想）

P.60（11）①（うざい、死ね、ぶっ殺す、クソババア、など） ②（いやな気持ちになります） ③（だれもいない部屋に行きます、外を歩いて気をまぎらわします、など） ④（言った人からはなれます、無視します、など）※③、④は子どもに合わせた解答を導いてください。⑤（ブス、ハゲ、ぶっ殺す、デブ、死ね、ふざけんな、クソババア、チビ） ⑥（いやなことを言って、相手を傷つけること） ⑦（いけません） ⑧（いやな気持ちになります、バカにされたような気がします、など）

P.61（12）①（わるいところを自分の都合のいいように言いかえること）（きちんとした理由のない、自分勝手なりくつ）（自分のしたことがわるくなかったのだと説明する発言）（人の言うことを素直に受け入れず、すぐに言い返すこと） ②（うんざりする、うっとおしい、聞きたくない） ③（○）（×）（○）（○）（×）

P.62（13）①（病気の人、年下の男の子、おじいさん、けがをした人、妊婦さん）

P.62（14）①（いけません） ②（いけません） ③（赤ちゃん、妹、弟、幼稚園児、お年寄り、など）

P.62（15）※この問題は、対象者によって解答が異なります。いっしょに遊ぶ年齢なら③、④でよいですが、中学生以上の男子が①、②、③のような行為をすると、思わぬ誤解を招くことがあるので、④、⑤を○と教えたほうがよいでしょう。

P.63（16）①（いけません） ②（いけません） ③（物は大切にしないといけないからです） ④（悲しい、いや、くやしい、もったいない、など） ⑤（いけません） ⑥（いけません） ⑦（自分がイライラしているときに、物を投げたり、かべをけったりすることです） ⑧（謝る、弁償する、など）

⑨（公園のベンチや、学校の机やいすなど、みんなで使うもののこと）　⑩（いけません）（道路がきたなくなるからです）

5 物事を説明する

●物についての学習

P.64（1）①（台所）　②（食べ物を冷やすものです）　③（野菜、果物、肉、魚、豆腐、牛乳、卵、など）　④（腐ってしまう）　⑤（素早くあけて、素早くしめる。何回もあけないで、1回ですませる、など）　⑥（台所にあって、食べ物を冷やすもの（家電）です。肉や魚が腐らないように入れておくためのものです）　⑦（○：魚、牛乳、卵、肉、豆腐　△：アイスクリーム、氷、かき氷　×：塩、ポテトチップス、米、おせんべい）

P.65（2）①（部屋のなか、寝室、など）　②（家具）　③（洋服をしまうものです）　④（きれいにたたんでしまう、種類ごとに分けてしまう、など）　⑤（いいえ、しまいません）（ほかの服が汚れてしまうからです）　⑥（部屋にあって、洋服をしまう家具です。洋服の種類ごとに、きれいにたたんでしまいます）　⑦（本だな…本をしまうもの、いす…座るもの、くつ箱…くつをしまうもの、など）

●人物についての学習

P.66（1）①（例文：お母さんは、白い半そでのTシャツの上に、オレンジ色の水玉の長そでのカーディガンを着ています。紺色のジーンズをはいて、白と青のボーダーのくつ下をはいています。麦わら帽子をかぶっていて、茶色の革ぐつをはいています）　②（例文：○○さんは、ピアノの先生です。40歳くらいで、背が高くて、髪が長くていつも結んでいます。とてもやさしいけれど、怒ると少しこわいです。ピアノだけでなく、バイオリンも上手に弾けます）※③、④も例文を参考に、2～5文ぐらいの文章で、身近な人について説明してみましょう。

P.67（2）※自分についての問題です。正しく書けるように促しましょう。

P.68（3）※自分についての問題です。正しく書けるように促しましょう。

●遊びについての学習

P.69（1）①（まず、とりふだを床にならべる。読み人が読み札を読んだら、読み札にあったとりふだを取る。たくさん取った人が勝つ。「いろはがるた」などいろいろな種類のかるたがある）　②（「にらめっこしましょ、笑うと負けよ、あっぷっぷ」という歌に合わせて、おもしろい顔をする。笑った人が負ける）　③（まず、じゃんけんで鬼を決める。そして、鬼につかまらないように走って逃げる。鬼につかまった人が鬼になる。「隠れ鬼」「手つなぎ鬼」などいろいろな種類の遊び方がある）　④（まず、じゃんけんで鬼を決める。鬼が数を数えているあいだに、鬼に見つからないように隠れる。鬼が「もういいかい」と言って、隠れている人が「もういいよ」と言ったら、鬼がさがしに行く。先に見つかった人が負けで、次の鬼になる）　⑤（2人で向かい合って、机にひじをついて、手のひらを握り合って互いに腕を倒し合う。手の甲が机についた人が負ける）

●スポーツのルールについての学習

P.70（1）①（9人）　②（ピッチャー、キャッチャー、ファースト、セカンド、など）　③（ボールを投げる人）　④（バッターがヒットを打って、塁を回って、ホームベースに戻ってくると点が入ります）　⑤（野球は9人でするスポーツで、ピッチャーが

バッターにボールを投げて、バッターが打ったら1塁、2塁、3塁とベースを回ります。ホームベースまで帰って来たら点が入ります。9回まであって、点を多くとったチームが勝ちです）

P.70（2）（2人の力士が向かい合って、押し合い、土俵から先に出た人が負けです）

P.70（3）（11人でするスポーツで、ゴールにサッカーボールをけり入れると点が入ります。多く点をとったチームが勝ちです）

P.71（4）①（運動会でします）②（2チームに分かれてつなを引っ張り合い、真ん中の線よりも多く引いたチームの勝ちです）③（オーエス）④（ピストルをうって合図をします）⑤（強い力で引っ張ること）⑥（つなひきは、運動会でする競技です。2チームに分かれてつなを引っ張り合い、多く引いたチームが勝ちます。つなを引くときに「オーエス」とかけ声をかけます。審判がピストルで合図をしたら、おわりです）

P.71（5）（2つのチームに分かれて戦う競技です。内野と外野に分かれ、外野が内野に向かってボールを投げます。内野の人は、ボールをあてられたら外野に出ます。内野に残っている人が多いチームが勝ちです）

P.71（6）（玉入れは、運動会でする競技です。高いところにある網かごに、下から玉を投げ入れます。時間が来たら投げるのをやめて、網かごに入った玉の数をみんなで数えます。玉がたくさん入っていたチームの勝ちです）

● 場所についての学習

P.72（1）①（病気になったときに見てもらうところです、注射をするところです、レントゲンをとるところです、検査をするところです、けがをしたときに手当てをしてもらうところです、病気のときに入院するところです、など）※**本人のイメー**ジできる内容で答えを導いてください。②（かぜをひいたとき、けがをしたとき、おなかが痛いとき、など）③（お医者さん、看護師さん、など）④（聴診器をあてる、注射をする、診察をする、など）⑤（包帯を巻く、血圧を測る、採血をする、注射をする、など）⑥（薬局）⑦（病院は、けがをしたり病気になったりしたときに、治療をするところです。お医者さんや看護師さんがいます。お医者さんは、聴診器を胸にあてて診察したり、注射を打ったり、検査をしたりします。看護師さんは、傷の手当てをしてくれます。病院で診察を受けたあと、薬局でお薬をもらいます）

P.73（2）①（お金を預ける、お金を引き出す、お金を振り込む、両替をする、など）②（印鑑、通帳、キャッシュカード、など）③（銀行は、お金を預けるところです。預けたお金を引き出したり、指定した口座に振り込んだりすることもできます。お金を預けるときには、通帳やキャッシュカードを使います）

P.73（3）（図書館は、本を借りるところです。借りたい本を選んで、図書カードを見せると、○冊まで借りることができます。借りた本は、返却日までに返します）

P.73（4）（郵便局は、手紙を出すところです。切手を買ったり、小包を出すこともできます。通帳を使って、お金を預けることもできます）

6 上手に会話をする

● 電話の応対の学習

P.74（1）①（はい、○○です）②（母は今留守にしています）③（母は今お風呂に入っていますので、あとでかけなおします）④（母に代わりますのでお待ちください）⑤（母は今手がはなせないので、あとでかけなおします）※トイレは言

わないほうがよいでしょう。⑥（母は今手がはなせないので、あとでかけなおします）⑦（さっき、山田さんから電話がありました）⑧（メモをとる）

● あいさつの学習

P.75（1）①（おはようございます）（おはよう。きょうのごはんは〇〇よ）②（行ってきます）（行ってらっしゃい。きょうも一日がんばってね／車に気をつけてね）③（ただいま）（おかえりなさい）④（いただきます）（どうぞめしあがれ）⑤（ごちそうさまでした／おいしかったです）（おそまつさまでした／よかったわ）⑥（おやすみなさい）（おやすみなさい）

● 許可・確認・報告の学習

P.76（1）①（ふとんをしいてきます、ふとんをしいてきてもいいですか、など）②（ふとんをしきました、おわりました、など）③（お風呂に入ってきます、お風呂に入ってもいいですか、など）④（お風呂からあがりました、お先でした、いいお湯でした、など）⑤（お茶を飲んでもいいですか、お茶をください、など）⑥（ごちそうさまでした）⑦（洗濯物をとりこんでもいいですか）⑧（洗濯物をとりこみました）⑨（やってよいかどうかを確認すること）⑩（やりおわったことを伝えること）

● なんと言えばいいか？の学習

P.77（1）①（どうしたんですか、大丈夫ですか、など）②（くつひもがほどけたので、結びます）③（くつひもがほどけていますよ）④（手袋を落としましたよ）⑤（大丈夫ですか、けがはないですか、など）⑥（できました、おわりました、など）⑦（プリントがやぶれてしまいました）⑧（先生、宿題を見てください）⑨（すみません、えんぴつをひろってもいいですか）⑩（ごめんなさい、けがはないですか、など）

● やりとりの学習

P.78（1）〜（4）※紙面を見ながら、実際にやりとりをしてみましょう。

P.80（5）（はい。きょうのごはんはなんですか）（わあ、うれしいな。いただきます）

P.80（6）（はい、入ります）（着替えとバスタオルを準備します）（はい、わかりました）（はい、あったまってきます）

P.80（7）（歯をみがいてもいいですか）（歯ブラシに歯みがき粉をつけました）（はい、きれいにみがきます）

7 ことばの意味を推理する

● たとえのことばの学習

P.81（1）①（暗くてきたなく、薄気味わるいようす）②（まんまるの月が出た）③（ものすごく強い雨）④（かわいいドレスのような服）⑤（真っ赤なほっぺ）⑥（ふわふわした白い雲）⑦（わがままを言っているようす）⑧（きちんとした服装）⑨（ものすごく寒い天気）

P.82（2）①（とても暑い天気）②（とても大きな音）③（上にぴんと立っているようす）④（豪華で立派な家）⑤（こわい怒った顔）⑥（楽しくて現実とは思えないようす）⑦（表現することができないくらい美しいようす）⑧（もうすぐ雨がふりそうな曇った空）⑨（とても太っているようす）⑩（とても豪華な料理）

P.83（3）①（まるでモデルのようだ、まるでキリンのようだ、など）②（まるでおすもうさんのようだ）③（まるでお人形のようだ）④（まるで

ゴミすて場のようだ）⑤（まるで台風のようだ）⑥（まるで機関銃のようだ）⑦（まるでどろんこ遊びをしたかのようだ）⑧（まるで歌手のようだ）⑨（まるで赤ちゃんのようだ）⑩（まるで真夏のようだ）

● 慣用句の学習
P.84（1）①（することがないようす。一区切りついて暇になること）②（時間や労力がかかること）③（工夫されていて手間がかかっていること）④（どうしようもないこと）⑤（買うことができないようす）⑥（手伝ってほしいということ）⑦（はっきりとよく見えるようす）⑧（自分の物にしたこと）⑨（働く人の数が足りないこと）

P.85（2）①（とても好きだということ）②（今までは気づかなかった新しい発見をすること）③（すぐ近くだということ）④（とてもかわいいと思うこと）⑤（想像できるということ）⑥（見えたということ）⑦（まったく気にしないようす）⑧（見張っているということ）⑨（かわいいと思っているようす）

P.86（3）①（なかったことにすること）②（本気になって取り組むこと）③（怠けたり、さぼったりすること）④（とても疲れたようす）⑤（人の言いまちがいやちょっとした失敗などをとりあげて非難したり、からかったりすること）⑥（いつまでもしつこく恨んでいること）⑦（言ってはいけないことを、うっかり言ってしまうこと）⑧（機嫌をわるくしてすねること）⑨（なかなか動こうとしないようす）⑩（本当のことを言わないでしらばっくれること）⑪（緊張して気合いを入れること）

● ことわざの学習
P.87（1）①（余計なことを言うと、大変なことになるということ。言葉を発するときには、よく考えてから話したほうがよいということ）②（急ぐときほど、危険な近道よりも、遠回りでも安全な道を通るほうが、結果的には早く着くということ）③（遠い道のりでも、まず踏み出した第一歩から始まるということ。どんな大きな仕事でも、一歩一歩積み重ねて努力していくことが必要であるということ）④（りくつを言うよりも、証拠を見せれば一目瞭然だということ）⑤（わるいことをしたという評判は、あっという間に広まるということ）⑥（もともと強いものが、さらに強くなること）⑦（よく効く薬は苦いように、ためになる忠告は受け入れにくいということ）⑧（安い物を買うと早くこわれてしまって使い物にならなくなるから、結局は損をするということ）⑨（雨が降ったあとは、かえって地面が固く締まり、よい状態になること。大きな問題が起きたことで、かえって今までよりもよい状態になること）⑩（いつも笑顔で明るく朗らかにしていると、幸せがやってくるということ）

P.88（2）①（何事もやりすぎてしまっては、やり足りないことと同じであるということ）②（どんなにやさしい人でも、何度も無礼なことをすれば怒り出すということ）③（もうがまんができないというようなことをじっとがまんすることが、本当のがまんであるということ）④（本当の名人は、道具のよしあしにかかわらずよい仕事ができるということ）⑤（同じことを言うのでも、言い方によっては相手を怒らせてしまうことがあるということ）⑥（本当の実力者は、自分の力を見せびらかすようなことはしないということ）⑦（冷たい石の上にも３年いれば暖かくなるように、どんなことも、辛抱していればやがて成し遂げら

れるということ） ⑧（その場所にはその場所の決まりや習慣があるから、それに従うべきだということ） ⑨（小さな雨粒でも、長いあいだ同じところに落ち続ければ石に穴をあけるほどになるように、根気よく続けて努力すれば、いつか成果が得られるということ） ⑩（よいことがあればわるいことがあり、わるいことがあればまたよいことがあり、予測ができないものだということ）

● 四字熟語の学習

P.89 (1) ①（好みや考え方は人それぞれにちがうということ） ②（わずかな期間） ③（いやになってすべてを投げ出してしまうこと。やけになって自分の身を粗末に扱うこと） ④（自分一人が特別に優れていると思い込んでうぬぼれていること） ⑤（上下逆にしてはいけないということ） ⑥（口に出さずにだまってじっくりと考えること） ⑦（遠回しな言い方ではなく、はっきりと言うこと） ⑧（どんな困難にあっても、決してあきらめないこと） ⑨（わずかな時間がとても貴重であること。楽しいときはあっという間に過ぎていくということ）

● ウソとホントの区別

P.90 (1) ①（うそ） ②（本当） ③（※） ④（※） ⑤（本当） ⑥（うそ） ⑦（本当） ⑧（本当） ⑨（うそ） ⑩（うそ） ⑪（本当） ⑫（うそ） ⑬（本当）※お子さんの状況に合わせて答えを導いてください。

P.90 (2) ①（いけません） ②（人から信用されなくなります）

● ことばの推理

P.91 (1) ①（×） ②（○） ③（×） ④（×） ⑤（○） ⑥（×） ⑦（○）（×）（×）（○） ⑧（×） ⑨（×） ⑩（×） ⑪（×） ⑫（○） ⑬（×）

P.92 (2) ①（ひけませんでした） ②（うそ） ③（しずかちゃんを元気づけたかったから、しずかちゃんを悲しませたくなかったから、など） ④（いいです） ⑤（本当のことを言うと、相手を傷つけてしまうから、など） ⑥（うそ） ⑦（寄り道をしたと言ったら怒られるから、など） ⑧（いけません） ⑨（自分に都合のいいうそをついてはいけないから、わるいことをしたら素直に謝らなくてはいけないから、など）

P.93 (3) ①（痛い、はずかしい、など） ②（痛いと言ったらかっこわるいから、みんなに見られてはずかしいから、など） ③（ゲームをとりあげられると思ったから、ゲームのことでいじめられると思ったから、など） ④（みんなに心配をかけたくなかったから） ⑤（「お父さん、ちょっと休んでいてください」と言って休んでいてもらう、など）

8 総合問題

P.94 (1) ①（答えがまちがっていたから） ②（×をつけられたのがいやだったから） ③（いけません） ④（太郎君） ⑤（太郎君） ⑥ (2) ⑦（正しい答えになおします）

P.95 (2) ①（2） ②（2, 3）

P.95 (3) ①（いけません）（電車にはねられるからです） ②（しっかり持っている、白線の外側を歩かない、物をふり回さない、など）

P.96 (4) ①（手をあげて、あてられたら質問します） ②（よいときもわるいときもある） ③（質問をどうぞと言われたとき） ④（授業がおわってから先生に聞きます、ひとつだけ聞きます、ノートにメモしてあとで聞きます、など）※子どもの状況に合わせて答えを導いてください。 ⑤ (4)

⑥（教科書を見て調べます、友だちに聞きます、お母さんに聞きます、など）

P.97（5）①（自己中心的） ②（自分のことしか考えていないこと、など） ③（こうじ君が手をあげたから） ④（バカだね〜と言われたから、など） ⑤（知らなかった） ⑥（あげません） ⑦（思っていない） ⑧（冗談が通じない、からかっただけなのに怒りっぽい、など）

P.98（6）①（いけません）（青になるまで待ちます） ②(3, 4)※知らない人にも注意をしてしまい、トラブルになりやすいお子さんのためにつくられた問題です。注意をしたほうがよい人と、注意をしないほうがよい場合があることを教えます。 ③（注意をしてもよい人：友だち・家族、注意をしないほうがよい人：知らない人） ④（お母さんに言います、おまわりさんに言います、など）※子どもの状況に合わせて解答を導いてください。 ⑤(3)

P.99（7）①(3) ②（今、〇〇駅です。信号トラブルで電車が止まっています） ③（ようすがわかって安心する） ④（帰ってこないから心配する） ⑤（いつもとちがうことが起こったとき） ⑥(3)

P.100（8）①（いけません）（みち子さんはパソコンがきらいだから） ②（よいときもわるいときもある、相手によってはよい、など） ③（電車の話をしていいですか、電車は好きですか、など） ④（サッカーの話）（みち子さんはサッカーが好きだから） ⑤（サッカーはきらいだけど、みち子さんの話を聞いてみよう） ⑥（サッカーの話を聞いてくれてうれしい） ⑦（よいことです） ⑧（相手によって、よいときもわるいときもあります、相手もそれが好きならいいです、など） ⑨（相手の好きなことを話すといい） ⑩（電車の話）（パソコンの話） ⑪（サッカーとパソコンと電車以外の話） ⑫〜⑭※子どもやお母さんの状況に合わせて答えを導いてください。

P.102（9）※頭の体操です。よく考えて答えを導いてください。

P.103（10）①（×） ②（×） ③（×） ④（○） ⑤（×） ⑥（○） ⑦（○）

P.104（11）※実際に見られたこだわりを例に挙げています。お子さんのこだわりをチェックしてみましょう。

P.104（12）①（ひとつのことをしつこく言うこと、変更ができないこと、いつもとちがうと怒ること） ②（くりかえし同じことを言うこと、だめと言われているのにくりかえしやること） ※子どものわかることばで教えましょう。

P.105（13）①（※男性向けの問題です） ②（いけません） ③（いけません） ④（いけません） ⑤（いけません） ⑥（ちかんにまちがわれるから、女の子にいやがられるから） ⑦（女の子に近づいてからだをさわったりする人のこと） ⑧（好きな女の子に何回も電話やメールをしたり、家までついて行ったりする人のこと） ⑨（警察につかまります） ⑩（近くに行かない、さわらない、話しかけない、ニヤニヤしない、など）※子どもの問題行動に合わせて解答を導いてください。

P.106（14）①（雪道ですべったから） ②（痛い、はずかしい） ③（太郎君がすべってころんだのがおかしかったから） ④（くやしい、はずかしい、悲しい、など）※子どもの感覚に近いことばで教えましょう。 ⑤（太郎君のことが心配だったから） ⑥（うれしい気持） ⑦（ありがとう、大丈夫だよ） ⑧（ゆり子さん） ⑨（太郎君） ⑩（いけません） ⑪（笑わないでほしい、助けてほしい、など） ⑫（「大丈夫？」と言って起こしてあげます） ⑬（人にやさしくすること、困っている人を助けること、など） ⑭（小さい子におも

ちゃを貸してあげる、お年寄りに席をゆずる、教科書を忘れた子に見せてあげる、など）⑮、⑯※**子どもの体験したことを言語化させましょう。**

P.108（15）①（いけません）②（前の席をける、おかしをこぼす、シートベルトをしない、など）③（隣の人とおしゃべりをする、いすをガタガタさせる、何回も質問をする、など）④（つまみ食いをする、おもちゃをたくさん出して部屋をきたなくする、「ぼくにもやらせて！」と何回も言う、など）⑤（大声で歌を歌う、ひとりごとを言う、テレビの音量を上げる、大きな音でCDを聞く、兄弟げんかをする、など）⑥（人のじゃまをして、いやな思いをさせること）

P.109（16）①（おなかがいっぱいになりました、または変わった味ですね、など）②（何も言わない、または体格がいいですね、など）③（何も言わない、または個性的ですね、など）④（変わった服ですね）⑤（なんて書いてありますか）⑥（次はがんばってくださいね、残念でしたね、など）

P.109（17）（思ったことをはっきり言わない、相手が傷つかないように言う、など）

P.109（18）①（×）②（×）③（○）④（○）⑤（×）⑥（×）

P.109（19）①（相手にいやな感じをさせる応対や顔つき、にこりともしないで乱暴なしぐさをするようす、など）②（とげとげしくて冷たいようす、乱暴な言い方、など）③（相手の言うことに素直に従わず、いちいちりくつをこねて逆らうこと）④（相手の意見を聞く気がないようす、頑固で素直でないようす）

P.110（20）①（あえて言わなくてもよい、言わないほうがよい、など）（プレゼントをあげたほうがよいかな、と気を遣わせてしまうから）②（あえて言わなくてもよい、言わないほうがよい、など）（ホワイトデーにお返ししようと思っているのをアピールしていると思われるから、お返しはいらないから、とかえって気を遣わせてしまうから）③（何かをしてほしいときに、早くしてくれるように要求すること）④（相手の気持ちを無視して、無理強いしている感じのする態度）⑤（いけません）⑥（誘ってくれてありがとう、きょうはどうしても都合がつかないので、行けません。また今度行きましょう。など）（とても残念ですが、きょうはどうしても都合がつきません。せっかくおさそいいただいたのに、申し訳ありません。またの機会に是非ご一緒させてください。など）（ごめんなさい。きょうは家にいたい気分なので、また今度行きましょう。など）⑦（相手からのさそいや申し出に対して、丁寧に断ること。断る理由をはっきり言わないで、相手がいやな思いをしないような言い方で断ること、など）

P.111（21）①（「置いてあった」というのは、誰かがわざとそこに置いたということで、「落ちていた」というのは、気づかないうちに落としてしまったということ）②（「ひろった」というのは、落ちていた物をひろっただけで、自分の物にしようとしたわけではない。「盗んだ」というのは人の物をこっそりとって自分の物にしようとすること）③（「押した」はわざと押すことで、「ぶつかった」は悪気はないけれどたまたまぶつかってしまったということ）④（「置いてきた」のはわざと持ってこなかったということで、「忘れた」のは持ってくるのをうっかり忘れていたということ）⑤（「できない」のはやりたくてもやり方がわからなかったり、技術的にむずかしすぎたりしてできないということで、「やりたくない」のはたとえできることであっても自分がやる気になれないということ）⑥（「もらった」というのは相手の人があげようと思ってくれること

で、「とりあげた」は相手の人はあげたくないと思っているのを無理やりうばうこと) ⑦(「見た」は、見ようと思って意図的に見ることで、「見えた」は見ようとは思っていなくても偶然見えてしまったということ) ⑧(「落とした」は自分が落とそうと思って落としたり、うっかりしていて物を落としてしまうこと。「落ちた」は葉っぱが木から落ちたり、風で紙が落ちたりするように、物が自然に落ちること)

P.112（22） ①（本当にあったこと） ②（頭のなかで考えたこと）

P.112（23） ①（タイムは9秒） ②（そんなに速く走れるわけがないから、オリンピック選手のようなタイムだから、など） ③（「メールアドレス交換して」と言われました） ④（アイドルからそんなことを言われるわけがないから、など）

P.113（24） ①（まこと君） ②（怒ったから） ③（わるいことです） ④（ボールをあてるゲームだから、など） ⑤（○）（×）（×）（×） ⑥（きたないと思われる） ⑦（わるいことです） ⑧（人前で鼻をほじらないようにする）

P.114（25） （時間を決めて見る、寝ころがらないでいすに座って見る、好きな番組を見てよいか家族に聞いてから見る、など）※子どもの問題行動に応じた解答を導いてください。

P.114（26） ※家庭でのルールに従って記入しましょう。

P.114（27） （目がわるくなる、宿題やお手伝いができなくなる、寝る時間がおそくなる、など）

P.114（28） ①（×） ②（×） ③（○） ④（×） ⑤（×） ⑥（×）

P.115 ※携帯、スマートフォンを持たせていなければ、(29)～(35)の問題に取り組む必要はありません。(29)①（授業中、勉強中、ごはん中、映画館のなか、トイレのなか、お風呂のなか、決められた時間ではないとき、など） ②（まわりの人の迷惑になるからです） ③（電車をおりてからかけなおします）

P.115（30） ①（×） ②（×） ③（○）

P.115（31） （アニメを一時停止にして、お手伝いをします）

P.115（32） （ゲームをやめて、メールを見ます、返事をします、など）

P.116（33） ①（×） ②（○） ③（○）

P.116（34） ①（見ているところで） ②（10分） ③（音が鳴らないように） ④（部屋に置いておきます）※子どもの状況に合わせて設問を変えてください。

P.116（35） ①（悲しい気持ち、いやな気持ち、たかし君のことをもっときらいになる、など） ②（×）（×）（○）（×）※お子さんと、ご家庭でのメールのルールを決めておくとよいでしょう。

P.117（36） ①（わるいことです）（緊急のときではないのに、お金を使ってしまったから、本当に緊急のときに、お金がないと困るから、など） ②（地震が起きたとき、台風で電車が止まったとき、大雪で帰れないとき、など） ③（家に着くまでがまんします） ④（「いりません」と言います、お母さんに相談します、など）

P.117（37） ①（高額です） ②（×）（○）（×）（×）

P.118（38） ①（○） ②（×） ③（×） ④（×） ⑤（×） ⑥（×） ⑦（×）

P.118（39） ①（×） ②（×） ③（○）

P.118（40） ①（×） ②（○） ③（×）

P.119（41） ①（2） ②（3） ③（3） ④（赤ちゃんがいます） ⑤（「こちらへどうぞ」と言って席をゆずります）

子どもへの対応 Q&A

 学習の習慣がつかず、
ついていけるか心配です。

小学校2年生の男児の母です。先日ADHDと診断されました。宿題が出るのですが、すぐに「疲れた」などと言って、気が向いたときにしかできません。無理にやらせようとするとイライラして「うるせえ！」と暴言を吐いたり、鉛筆を投げたりしてしまいます。普段はゲームをしたり、ゴロゴロして漫画を読んでいることが多く、学年が上がってもなかなか家庭学習の習慣がつきません。やれば答えはあっているので、わからないわけではないと思うのですが……。学校でも授業に集中できていない、机に突っ伏していることがある、と先生に言われており、これから先学習についていけるのか、心配です。

お子さんのようすをうかがうと、学習内容よりもむしろ、気が向いたときしかできない、少しやるとすぐ集中がそれてしまうというように、学習する態勢そのものがとれていないことが問題です。学習態勢とは、出されたときに、一定の時間、出されたものに取り組むことができるという姿勢です。まずは、この学習態勢づくりをすることが必要です。

そのためには、家で出す課題の難易度を少し下げ、本人ののってきそうな課題を探してみてください。シールを貼るとか、ビーズを通すなど、手を使った作業でもよいです。電車が好きなお子さんなら、駅名のふりがなをふるとか、電車の名前を模写するとかでもよいです。毎日10〜20分、お母さんが提示した課題に座って取り組む、という姿勢をつくりましょう。

毎日一定の学習態勢がとれるようになったら、徐々に取り組む課題の種類を増やしていけます。宿題のプリントなどは、課題にのってきたな、という頃に提示すると、取り組みやすいでしょう。

もう1点、気になるのはお子さんの姿勢です。普段から、ゴロゴロする、突っ伏すなど、体幹の保持ができていない様子が見られます。これでは学習するときだけよい着席姿勢を保ちなさいと言っても無理な話です。一定時間、よい姿勢を保っていられる体づくりをすることが必要です。「疲れた」と言いますが、気持ちの問題ではなく体の問題なのです。

体づくりのために、もっとも手軽で効果的なのは「歩行」です。一人でマイペースに歩くのではなく、「お母さんと手をつないで、一定の歩幅で、30分以上（できれば1時間）歩き続ける」という練習をしてみてください。最初は歩くことや手をつなぐことをいやがったり、気になったものの方へ走っていってしまったり、おしゃべりが止まらないなど苦労するかもしれませんが、淡々と少し早めのペースで歩いていくと、徐々

に呼吸が整い、体の力が抜け、バランスのよい歩きができてきます。1時間歩き続けることができるようになると、1時間の着席もぐっと楽にできるようになるのです。また、普段から、日中は横になってゴロゴロしないで、最低限椅子に座っているように仕向けていくだけでも、姿勢の保持の仕方が変わってきます。

家庭生活においてのルールづくりも必要です。ゲーム、PCなどを好きなだけやらせるのではなく、約束表をつくり、時間を守れたらシールを貼るなどしたり、タイマーなど使って決めた時間を守らせるなど工夫して、時間管理をしましょう。とくにゲーム中毒、ネット中毒は、昼夜逆転の原因となり、将来の家庭生活に大きな影響を及ぼすことがありますから、小さいうちからルールを明確にすることが重要です。

Q 行動の切り替えができなくて困っています。

通常学級に通うアスペルガー、小4男児の母です。公園で遊びはじめると、決まった習い事の時間になっても「行かない！」と大騒ぎになってしまいます。普段の生活でも、テレビを見はじめると、タイミングが合わないとお風呂に入れません。スケジュールは理解しているはずなのですが、ちょっとしたタイミングのずれでパニックに近い状態になってしまいます。ほかの家族やスケジュールとの兼ね合いもあり、生活していくのが本当に大変です。

A

見通しが立たないからパニックになる、とよく言われますが、見通しが立っていても、目の前のことに没頭してしまうと、次の場面への切り替えがうまくできない、ということはよく見られます。自分のタイミングでしか行動を切り替えられない、周りに合わせられない、というマイペースの強さが問題です。

どうしてもスムーズに移行させたい、騒がせたくない、という場面では、周りが細心の注意を払って、スムーズに場面移行ができるように工夫してかかわるしかありません。テレビをつける前にさっさとお風呂に入ってしまう、公園に行ってしまうと習い事に行けないなら、最初から公園には行かずに、遠回りしたり、途中で買い物でもしたりしてほかのことで時間をつぶして直接習い事に行く、といった方法です。

それと同時に、このマイペースさを改善していかなくてはなりません。「相手に合わせて自分のことをいったん終わらせる」ということを、些細なことから練習していくのです。お手伝いの好きなお子さんでしたら、「今これを頼んだけど、その前にこっちを手伝って」というようなことをお手伝いのなかで、意図的に練習していきます。学習でも、「このプリントはまだ終わってないけど、その前にこれを読んで」など、1日10回くらいは、そのような状況をつくり、相手に合わせる、応じる、ということを練習していきましょう。また、自分の好きなことをするときも、すべてマイペースにさせるのではなく、「ここに座ってしてください」「○○してからやります」「お母さんと交代でやりましょう」などと指示するなどして、全体的な「ユアペース度」を上げることが必要です。

Q 特定の友だちとトラブルになりやすく困っています。

中学校2年生高機能自閉症男児、特別支援学級に通っています。学校で特定の友だちAさんとトラブルになりやすく、「このやろう、ぶっ殺すぞ」などと暴言を吐いてしまいます。また、自分は遊んでいるつもりなのですが、相手は嫌がっているのに気づかないということもよくあり、先日もクラスの子を追いかけまわしてしまいました。友だちとの関わり方をどのように教えていけばよいでしょうか。

A

トラブルになりやすい相手というのはどこにでもいるもので、クラスを離すなどの対応をしてもらえればそれですむこともかなりあるのですが、そうした対応ができない場合も多いものです。その友だちを見ると何か言いたくなってしまう、さらに売りことばに買いことばで暴言がエスカレートする……というわるい条件反射のパターンがどんどん強化されていきます。

その場合、その友だちがクラスにいても、かかわらないでほかのことができた、トラブルにならなかったという新たな経験を積ませることが必要です。学校側に協力してもらえるなら、席を離すなどの環境設定はできる限りあったほうがよいでしょう。

その一方で、自己コントロールの方法を教えていくことが必要です。「Aさんには話しかけません」「近くに行きません」「離れて座ります」「休み時間はBさんと一緒にすごします」。これくらい、はっきりしたことばで約束させることが必要な段階もあります。「怒らせちゃだめ」などの表現では、具体的にどうしたらよいかわからないのです。このワークブックに掲載されている、問題解決の課題などに取り組ませ、こんなときどうしたらよいかを考えさせると、効果があるでしょう。

また、本人は友だちとコミュニケーションをとっているつもりでも相手はいやがっている、ということが起きてしまうのは、相手の気持ちを推測することが難しいためです。自分の行為が相手からどう見られているかを客観視することが難しいという面もあります。できるだけその場で正しい行動を教えていくことが必要です。その際、「3回誘っていやと言われたら、今日はあきらめます」など、わかりやすい言葉でルールを教えましょう。友だちを追い回すのではなく、自分は席に座って本を読むなど、今何をするべきかを具体的に教えます。実際にトラブルが起きるのは学校の休み時間などが多いので、休み時間に何をして過ごすかを決めておくのもよいでしょう。

もしかしたら家でも同じようなことが起きているのではないでしょうか？ お母さんへのしつこい質問、自分のしたい遊びやゲームを強要する、テレビのチャンネルをゆずらない、相手がうんざりするほど同じ話を何回もくり返すなど。まずはこうした行動を、家できちんと修正していくことが必要です。「今はその話はしません」「今日はお母さんが見たい番組を見ます」「その遊びは○分まで、そのあとはこっちをやってみましょう」など、相手に合わせて自分の欲求を少し抑えることができるようにしていきましょう。

参考になる本

■自閉症・発達障害についての理解が深まる本

『脳からみた自閉症──「障害」と「個性」のあいだ』大隅典子著（講談社ブルーバックス、2016年）

■社会適応に関する本

『「働く」ために必要なこと──就労不安定にならないために』品川裕香著（ちくまプリマー新書、2013年）

『心からのごめんなさいへ──一人ひとりの個性に合わせた教育を導入した少年院の挑戦』品川裕香著（中央法規出版、2005年）

■自閉症・発達障害の当事者が書いた本

『自閉症の脳を読み解く──どのように考え、感じているのか』テンプル・グランディン、リチャード・パネク著／中尾ゆかり訳（NHK出版、2014年）

『発達障害当事者研究──ゆっくりていねいにつながりたい（シリーズ ケアをひらく）』綾屋紗月、熊谷晋一郎著（医学書院、2008年）

『続 自閉っ子、こういう風にできてます！ 自立のための身体づくり』岩永竜一郎、藤家寛子、ニキ・リンコ著（花風社、2008年）

『自閉っ子、こういう風にできてます！』ニキ・リンコ、藤家寛子著（花風社、2004年）

『我、自閉症に生まれて』テンプル・グランディン、マーガレット・M. スカリアーノ著／カニングハム久子訳（学研プラス、1997年）

■コロロメソッドがよくわかる本

『自閉症児のためのことばの教室 新発語プログラム2──発語してから会話・概念獲得への32〜60ステップ』石井聖、羽生裕子著（学苑社、2017年）

『自閉症児のためのことばの教室 新発語プログラム1──無発語から発語までの31ステップ』石井聖著（学苑社、2014年）

『自閉症児のことばの学習──話せるようになってからの概念学習』コロロ発達療育センター編（コロロ発達療育センター、1998年）

＊その他、コロロ発達療育センターが刊行している出版物の詳細は、ホームページをご覧ください。

●編著者紹介

コロロ発達療育センター

　1983年創立。自閉症、自閉的傾向、広汎性発達障がいなどの診断を受けた子どもや、集団に適応できないなどの問題を抱える子どものための指導方法を研究・実践する療育機関で、現在1000名以上の子どもが療育を受けています。

　コミュニケーションがとりづらい、問題行動やこだわり・パニックが頻発して家庭療育がままならないなど、さまざまな問題に対し、独自の療育システム（コロロメソッド）による具体的な対応法・療育方法を提示し、家庭療育プログラムを組みます。幼稚園や学校に通いながら、ほかの療法とも併せてプログラムを実践することができます。

　　ホームページ：http://www.kololo.jp

〈監修〉
久保田小枝子（社会福祉法人コロロ学舎　統括施設長）

〈執筆者〉
羽生裕子（社会福祉法人コロロ学舎　児童支援部　部長）
山本祐子（コロロ発達療育センター　支援課　課長）
中山美紀（コロロ発達療育センター　コミュニケーションスキルアップクラス　室長）

●教室所在地

杉並教室（本部）
〒167-0042　東京都杉並区西荻北3-33-9
TEL：03-3399-0510（火～土）／
FAX：03-5310-4886
E-mail：shinki@kololo.jp

国分寺教室（事務局）
〒185-0002　東京都国分寺市東戸倉2-10-34
TEL：042-324-8355（火～土）／
FAX：042-322-9496
E-mail：k-kokubunji@kololo.jp

郡山教室
〒963-8811　福島県郡山市方八町1-2-19
TEL：024-956-0325（金～土）／
FAX：024-956-0379
E-mail：koriyama@kololo.jp

横浜教室
〒225-0013　神奈川県横浜市青葉区荏田町232-7 アゼリア205
TEL：045-910-1106（火～金）／
FAX：045-910-1206
E-mail：yokohama@kololo.jp

名古屋教室
〒458-0847　愛知県名古屋市緑区浦里5-329 1F
TEL：052-626-8372（木～土）／
FAX：052-626-8373
E-mail：nagoya@kololo.jp

神戸教室
〒658-0052　兵庫県神戸市東灘区住吉東町4-2-12 ヴィレッジリバー住吉101
TEL：078-856-8585（火～土）／
FAX：078-856-6265
E-mail：kobe@kololo.jp

松山教室
〒790-0952　愛媛県松山市朝生田町1-10-3
TEL：089-961-1184（火～土）／
FAX：089-961-1186
E-mail：matsuyama@kololo.jp

熊本教室
〒862-0903　熊本県熊本市東区若葉3-15-16 1F
TEL：096-206-9670（火～土）／
FAX：096-206-9671
E-mail：kumamoto@kololo.jp

装幀——和久井昌幸
本文デザイン——椎原由美子（シー・オーツーデザイン）
本文イラスト——熊アート
組版——有限会社プロート
　　　　森 富祐子（合同フォレスト）

コロロメソッドで学ぶ
ことばを育てるワークシート
——書いて身につけるコミュニケーション＆ソーシャルスキル

2017年4月 5日　第1刷発行
2021年3月10日　第4刷発行

編　著　者　コロロ発達療育センター
発　行　者　坂上美樹
発　行　所　合同出版株式会社
　　　　　　東京都千代田区神田神保町1-44
　　　　　　郵便番号　101-0051
　　　　　　電話　03（3294）3506／FAX　03（3294）3509
　　　　　　振替　00180-9-65422
　　　　　　ホームページ　http://www.godo-shuppan.co.jp/
印刷・製本　株式会社シナノ

■刊行図書リストを無料進呈いたします。
■落丁・乱丁の際はお取り換えいたします。

本書を無断で複写・転訳載することは、法律で認められている場合を除き、著作権および出版社の権利の侵害になりますので、その場合にはあらかじめ小社宛てに許諾を求めてください。

ISBN978-4-7726-1294-4　NDC370　257×182
© コロロ発達療育センター、2017